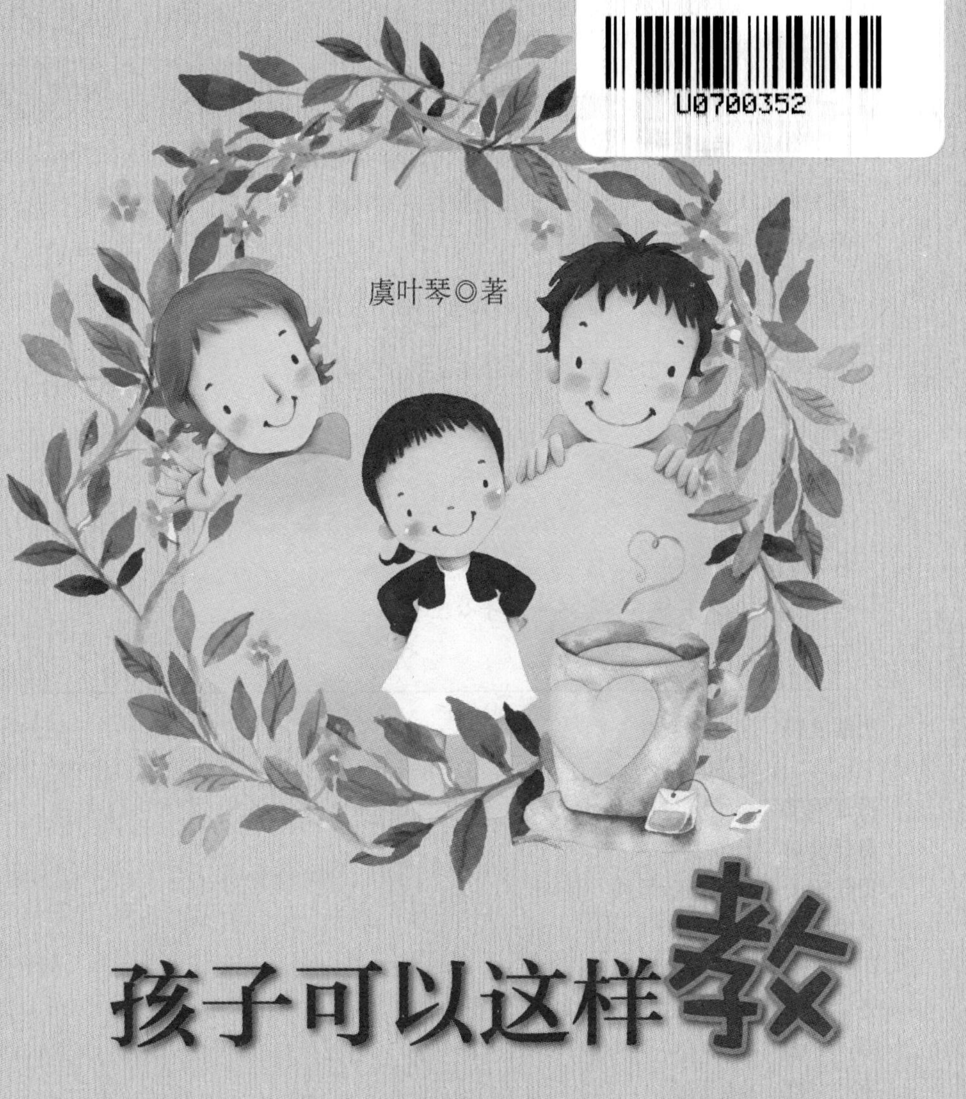

虞叶琴 ◎著

孩子可以这样教

来自"妈妈下午茶"的35个亲子心理案例

图书在版编目（CIP）数据

孩子可以这样教：来自"妈妈下午茶"的35个亲子心理案例/虞叶琴著. — 宁波：宁波出版社，2016.6
ISBN 978-7-5526-2471-7

Ⅰ．①孩… Ⅱ．①虞… Ⅲ．①家庭教育… Ⅳ．①G78

中国版本图书馆CIP数据核字（2016）第093842号

孩子可以这样教

—— 来自"妈妈下午茶"的35个亲子心理案例

虞叶琴 著

出版发行	宁波出版社
	宁波市甬江大道1号宁波书城8号楼6楼
责任编辑	廖维勇
责任校对	尤佳敏
责任审读	王丹　叶呈圆
装帧设计	金字斋
印　　刷	宁波市大港印务有限公司
开　　本	880毫米×1230毫米　1/32
印　　张	4.625
字　　数	115千字
版　　次	2016年6月第1版
印　　次	2016年6月第1次印刷
标准书号	ISBN 978-7-5526-2471-7
定　　价	28.00元

如发现缺页或倒装，影响阅读，请与承印厂联系调换。电话0574-87582215

序

> 你花费在玫瑰上的时间,才使得你的玫瑰花无比珍贵。——《小王子》

2013年9月,在我们与方庄社区联合举办的第十届邱隘实验小学方庄亲子家长学校开学典礼暨第九届家长学校毕业典礼中,虞叶琴女士作为家长代表作了发言。她对女儿潘羽的教导以及她对教育的理解让在座的每一位都深受感染。

2013年秋,我正在美国培训,收到来自于虞叶琴女士的一封电子邮件。邮件大意是潘羽向妈妈反映在学校里午餐时发生的一件事,妈妈提议潘羽自己寻求解决办法。邮件后面附了一段视频,是潘羽讲述事件的起因、经过、结果,然后发表自己的看法,提出自己的建议。这种"非单纯地教导而是引导孩子解决问题"的育儿方式与我所提倡的"教育健康态"教育思想有异曲同工之妙。我一直认为最好的教育,不是培养那种"两耳不闻窗外事,一心只读圣贤书"的高考高分孩子,而是要注重培养每个孩子的独立思想、自由精神、健康人格、公民观念、规则意识、质疑勇气等,我认为教育的最终目的是要让孩子幸福快乐,健康成长,全面发展。

从美国回来,政教处组织开展第 3 次"与沈老师面对面"活动,我特别邀请了这个特别的小姑娘——202 班的潘羽。并在后来的"校长接待日"中,我请来了虞叶琴女士——"妈妈下午茶"团队的创始人。经过几次交流,2014 年春,我代表学校正式邀请虞叶琴女士创建的"妈妈下午茶"以公益的形式进驻邱隘实验小学。

2014 年 2 月 26 日,虞叶琴女士首次给一、二年级家长学校开讲《理想孩子从哪里来》;3 月 11 日,"妈妈下午茶"首次沙龙活动在学校"hello,伙伴"(心理咨询室)开展,部分预约家长与团队成员共同分享家庭教育故事;4 月 23 日,"妈妈下午茶"团队核心成员给四年级家长学校作《青春期如何和孩子沟通——谈谈焦点解决技术》讲座。

"妈妈下午茶"通过讲座、沙龙的方式给家长们呈现儿童成长中显现的各种问题和亲子之间困扰案例进行探讨与解析,让参与的家长学会自省、内观,从而了解儿童心理发展的基本规律,学习家庭教育的基本常识,共同寻找专属于自己的教子平衡点,成为自己孩子的人生导师和亲子关系专家。

2015 年春,虞叶琴女士在原有的活动形式的基础上,对"秋实·妈妈下午茶"活动进行了升级——通过微信公众平台和学校下发的倡议书招募了十位热衷于家庭教育的热心家长,还聘请了专业的心理辅导师,成立了"秋实·亲子研讨班"。虞叶琴女士和伙伴董越选用《如何说孩子才会听 怎么听孩子才肯说》这本书作为参考,组织大家一起学习讨论、实践交流,帮助很多家长朋友解决了他们正面临的种种家庭教育问题。正如一位家长在感悟中所说的:学习怎么教育孩子其实是学习怎么做好自己,陪伴孩子成长更重要的是自我成长。

泰戈尔曾说过:"果实的事业是尊贵的,花的事业是甜美的,但是让我们做叶的事业吧,叶是谦逊地专心地垂着绿荫的。"虞叶琴女士和她的"妈妈下午茶"做的就是叶的事业,是培育种子的事业。她从家长的角度,为家长释疑解难,为很多家长朋友指出了一个方向——学会自我成长,让他们在孩子们今后的学习生活中更好地开展家庭教育,同时也在潜移默化中让他们成了家庭教育启蒙的种子,使他们在开出自己的花的同时辐射别人,将他们的能量通过传递的方式使更多的家长朋友受益,让更多的家庭因此变得更加美好!

较之以往的家庭教育思想传播,"妈妈下午茶"更多的是注重家长对"自己孩子"的关注度,寻求解决"自己孩子"问题的独特方法,它给我们的家长学校注入了一股新的活力,为家长学校(以往职能多为文化普及)提供了"沙龙式"学习交流的平台和路径。这种良好家庭教育氛围的培养,有利于我们的孩子健康成长。这正是我校办学宗旨所一直提倡的,也是"妈妈下午茶"团队进驻学校的重要意义之所在:为了每一个孩子的健康成长和全面发展。

以此作序,谨代表学校向虞叶琴女士及她的团队能无偿为学校服务表示感谢和致敬,感谢虞叶琴女士一直以来的辛勤付出!也期待虞叶琴女士能推出更多的精品,让更多的家长从里面一个个鲜活生动的案例中获益更多,让孩子的成长过程能更顺畅,让孩子的小学阶段学习生活能既快乐开心又扎实有效。

(沈　斌　宁波市鄞州区邱隘实验小学校长)

序 / 沈斌

第一章　读懂孩子，需要的才会被接纳

  1. 倾听，就够了 ………………………………………………… 003
  2. 识别孩子的原级情绪 ………………………………………… 006
  3. 发现孩子的"缺爱"模式 …………………………………… 009
  4. 尊重孩子的自我，保护孩子的自尊 ……………………… 013
  5. 往你想要的方向推动 —— 积极关注、正面引导 ……… 017
  6. 他需要的不是道理，是倾听、信任、赋能、策略 ……… 020

第二章　妈妈的柔爸爸的刚，成就孩子的韧

  1. "妈妈"是孩子"关系发展"的源头 ……………………… 025
  2. 妈妈先用本能还是职能？ …………………………………… 028
  3. 在妈妈的脾气中看爸爸的位置 …………………………… 032
  4. 我已经有一个妈妈了，我想有个爸爸 …………………… 035
  5. 爸爸这个角色需要妈妈共同成就 ………………………… 039
  6. 亲子之间的距离 —— 从亲密无间到亲密有间 ………… 042
  7. 亲子关系中的情绪 —— 理想的我与真实的我 ………… 046
  8. 读懂自己读懂孩子 —— 亲子相处中的投射 …………… 050
  9. 老大的烦恼 …………………………………………………… 054
  10. 做孩子的人生教练 ………………………………………… 058

第三章 成长中的重要驿站——学校

1. 从他律到自律——可以借力的学校教育 …… 063
2. 配合孩子完成"学校任务"——悲喜交加 …… 067
3. 我再也不想当班长了——能力与努力 …… 071
4. 老师有请 …… 076
5. 我的孩子在学校被欺负了 …… 079
6. 我很乖,是小恶魔在作怪 …… 083
7. 成绩是一个最直观的信号 …… 086

第四章 在经历和体验中成长

1. 所有关系都是相似的——向陈道明先生学习如何发飙 …… 091
2. 同伴关系显露亲子关系 …… 094
3. 优秀的小伙伴是正能量还是负能量? …… 098
4. 动画片、综艺节目——满足了孩子什么? …… 101
5. 时间管理——一个非独立的课题 …… 104
6. 被拒收的礼物——浅尝挫败感 …… 109
7. 再让我学游泳我就绝食——处理未完成的事件 …… 112
8. 关于撒谎这件事 …… 115
9. 物权观念 …… 121
10. 控制与反控制——认识孩子们的那些"不乖"行为 …… 125
11. 利己还是利他 …… 129
12. 想要平等的感觉——青少年同一性 …… 133

后记 …… 137

第一章

读懂孩子，需要的才会被接纳

1. 倾听，就够了

> 如果妈妈能真心地倾听孩子的心声，这便是给孩子很特殊的一份礼物。让我们回想自己曾有过的经历——当好友真诚地听我们讲话，我们会多么的愉快；相反，如果亲近的人对我们的谈话心不在焉，我们又会多么的沮丧。

每天晚上临睡前，女儿小Z（三年级）会跟我说些开心或不开心的事，昨晚讲了一个教师节给老师送礼物的事情，觉得自己的礼物不够好，说着说着就委屈地哭了；有时会说到同学的言行让她感觉不好，比如班长对同学很凶；也有一些感觉到不公平的吐槽，很郁闷。我就听她说，很多时候不知道如何回应，怕回应得不合适让她更加伤心。

亲子之间的睡前交流像一个小小的仪式，为一天的活动画上一个句号，将手上的事情心里的事情都放下，进入休息模式。对于孩子来说，这个"放下"会以"倾诉"的方式释放给妈妈。

Z妈虽然希望通过这样的交流多了解孩子以及孩子在学校的

情况，但还是觉得有些压力，一部分来自对孩子的感同身受，孩子的开心与郁闷都很自然地传递给家长，好的想要保持，不好的想要改变；另一部分来自当下的回应，不知如何说如何做才是孩子真正需要的，才是对孩子的成长有利的。

Z妈感觉到有些事确实是外界因素引发的，比如老师的确有失公允，同学的确倚势霸道，但更多的是孩子自己的敏感和认知偏差。

既然睡前的交流是放松的机会，希望孩子将心里的事情倾诉完了可以轻松入睡，那就不如将重点放到倾听上。提高倾听这个环节的质量，而不是将解决问题、安抚孩子作为睡前交流的重点，这样就可以真正做到放松心情。

我们和孩子接触的机会还有许多，接送的时候、共进晚餐的时候、散步的时候、周末游玩的时候，或许这些时候更加适合摊开来说、讨论着说、思考着说。如果说白天更加合适用脑，那么，晚上更加合适用心，白天思辨晚上体悟。

如何听孩子的睡前倾诉？只是倾听就有意义吗？

倾听是理解孩子思维框架的一种方式。倾听孩子的声音，了解他的苦恼、他的问题、他的难处，把孩子的思想和情感具体化。良好的倾听会让孩子有安全感，更加开放自我，说出心里真实的想法，和妈妈关系亲近。

妈妈的态度也会潜移默化影响到孩子，教会他倾听别人，包括那些令他烦恼的人的声音。良好的倾听是一种安静而兼具启发功能的情感传递，从内部促使孩子产生反应、思考、改变，而不是通过语言指导等外部压力。孩子有时候会因为没有耐心或没有用心倾听而误解他人的意图，这些误解会给他带来烦恼和困惑。学会听"懂"别人的话，能使人际关系顺畅起来，减少人际困扰。

其实妈妈在倾听过程中并非只用耳朵，只是更少地用语言去影响孩子的表述,倾听过程仍然会发生：接受信息、加工信息、传递信息。肢体语言和表情都会表达出来,不否定孩子的感受,也不用自己的观点去左右他。倾听过程更多的是展现陪伴的力量而不是解决问题的力量,它是良好亲子关系的基础,提供温暖、接纳、尊重、真诚的安全氛围。父母对孩子的影响力,很大程度上取决于亲子关系。

倾听过程中,妈妈对孩子是全心全意、带着包容的态度听,除了倾听孩子讲述的故事内容,也关注孩子的表情和下意识动作;除了倾听孩子自己的感受,也倾听他描述的其他人的信息以及事情发生的背景;一边听一边回应让孩子感觉到自己得到关注,自己讲述的事情是有意义的;边听边试图去感同身受和理解孩子。在此过程中,最重要的是,暂时放下自己的评判和指导欲望。孩子叙述得越无障碍,当妈妈的听得越完整。对孩子来说,复述一遍就像是把发生过的事情重新经历了一遍,由此会生发出许多新的思考和应对方式,这些是真正宝贵的,也是难以从外界植入的。静能生慧,孩子若能在一个安全的情境中充分地重新体验自己的故事,他会有不一样的感受,这个不一样的感受给他带来的不仅仅是情绪上的释放,还有生发出来的智慧。有时候孩子会和妈妈边求助边自己找到点子,也符合这个道理,解决方案不一定向外求,只是向内求需要合适的情境。

如果妈妈能真心地倾听孩子的心声,这便是给孩子很特殊的一份礼物,让我们回想自己曾有过的经历——当好友真诚地听我们讲话,我们会多么的愉快;相反,如果亲近的人对我们的谈话心不在焉,我们又会多么的沮丧。

2. 识别孩子的原级情绪

> 原级情绪指的是个体对环境最原始基本的直接反应;次级情绪是个体对"原级情绪"的反应,属于反应性情绪。其特点是会掩盖原级情绪,并因此妨碍当事人的觉察,不利于问题的解决。

小C六年级,是个"侠女",班里一个男生经常去"骚扰"女生,小C看不过去,恨不得冲过去"掀翻这个男生的桌子"。回家和妈妈吐槽,义愤填膺。妈妈了解自己的女儿,生怕她真的这么干了,纠结的是,自己的大道理女儿都已经能背下来了,但似乎对她的"怒发冲冠"没起什么作用。每次张口前都会被女儿阻止:妈妈不要说,你要说的我全知道,那个男孩的个性形成是有原因的,和家庭教育有关,别人的人生我不该插手……只是我仍然难受,我也不知道下一次我能不能控制住我自己。

关于情绪处理、界限,如何以对方乐意接受的方式提供帮助,都是可以从这个故事中提取的主题,每一个主题对孩子来说都需要一个学习过程。一个事件可以从多个角度去看待,至于选择哪一个作为沟通的要点,要看亲子教育的诉求。家庭教育的优势在于亲子之间会反复发生同类的事情,让父母觉察和抓住教育的机会。孩子也会通过父母的反应优化出自己的思维和言行模式,并在未来的生活中变成自己的行事风格。

小 C 在妈妈的一再讲道理之下,已经形成一定的界限感,并且也并未真的"掀桌子",但是,她想要掀桌子的感受依然非常强烈,哪怕是回家之后重新叙述还会有难过的感觉。如此看来,她的感受和情绪是有待进一步处理的必要的。

恨不得掀桌子,这个情绪可以定义为愤怒,在愤怒之前也许还有另外的情绪,可能是反感,但是,男生并没有指向小 C,小 C 为其他女生出头,这个情绪也许还有同情,甚至悲哀。鲁迅先生就有过"哀其不幸怒其不争"的感受。看来,小 C 的愤怒是有"上级"的。

心理学上将情绪分为原级情绪和次级情绪两个层次。

原级情绪指的是个体对环境最原始基本的直接反应;次级情绪是个体对"原级情绪"的反应,属于反应性情绪,其特点是会掩盖原级情绪,并因此妨碍当事人的觉察,不利于问题的解决。但是,这个掩盖不一定是有意识的,也因此不容易被觉察到。小 C 对男生的反感和对受欺负女生的同情是最原始的反应,但她表现出来的情绪是对"反感"和"同情"的再次反应,用愤怒得想掀桌子的方式。

有时候,次级情绪的作用是为了降低焦虑和增加自尊,比如妈妈让看电视的孩子进房间写作业,孩子不肯。妈妈就冲孩子吼:滚进房间!原级情绪是不知所措和无力感,次级情绪是生气并表达愤怒。

有时候,次级情绪是为了获益,为了达到某种目的,表现悲伤是为了得到安慰,表达生气是为了引起注意等。以下玲妈分享的两个小故事可以展现"获益"这个方面的作用。

1. 有一次玲妈撑伞,为玲和她同学挡雨。玲冲着妈妈嚷嚷:你没看见我都已经被淋湿了吗?!

2. 有一天晚上玲突然说:妈妈,以后你如果生个女孩子的话,我会很伤心,如果双胞胎的话,我会疯掉的,我要自杀了。

我们看到的是孩子的无礼和夸张的表达,也最容易在这个层面上和孩子交流以试图令她有所改进。但这不是根本。亲子相处过程中若能识别孩子的原级情绪,并在这个层面与他交流,孩子会真正感觉到被理解和接纳,也就不容易生发出更多复合情绪以致让父母摸不着头脑。

自然,孩子永远有权利表达他的情绪,愤怒也好,不平也好,想冲动也好;并且赞赏他没有使用他想的、不够理智的、帮不了人或许还会伤到自己的处理方式。

掀桌子确实是一种处理方式,不过这个方式没能达成她想要的结果(她想要的结果藏在她的原级情绪里),纯粹是一种发泄。接着和她聊聊"别人和我们之间的不同",包括被骚扰的女孩,或许那也是她们的一种相处模式,有一些孩子需要被关注,哪怕是以这样"被骚扰"的方式,这个方式令我们难受,当事人是不是难受我们并不确定。父母的经历经验是可以在孩子需要时候给予支持的,但这要建立在真实识别孩子情绪的前提下。

玲用极端的词语来形容自己的感受,妈妈可以温和但肯定地告诉她,疯掉和自杀都是很严重的状态。从她的立场考虑,妈妈可以这样对她说:告诉妈妈你是不是担心如果有了妹妹,会太吸引妈妈的注意;你担心自己被忽视,是吗?

3. 发现孩子的"缺爱"模式

随着年龄的增长,我们会通过我们的感受来获得一些经验并知晓一些规律,开启有节律的生活。进入小学是一个标志,意味着即将面对新的课题。而心智发展也将迈入一个新的阶段,思维能力同样迈入新的阶段——从具象到逻辑,从逻辑到抽象。这个变化不仅仅是学科上的学习,日常生活人际相处中也在不断地实践和进步。

一年级的小薇负责排队时的纪律,但是同学不听她的,她很着急,就哭了。妈妈在日常生活中也观察到女儿有这样的反应模式,很愿意做事,如果不顺利或者得不到大人的认可,她就会哭。现在到了学校,老师看她哭了,会不会觉得她不但没管好别人,连自己也没管好?

小薇妈妈还发现小薇经常表示担心:这个零食吃光了怎么办?给别人自己没有了怎么办?再去买那卖光了怎么办?妈妈觉得孩子似乎经常担心自己会"不够"。

我们的小学入学年龄是满六周岁,以 8 月 31 日(含当日)以前出生为准。所以一年级的小朋友在年龄上是6周岁到7周岁这个区间，而这个年龄正是心智发展的一个分水岭，发展程度参差不齐，思维模式也各不相同。少数孩子已经具有一定的逻辑思维能力，但大部分还绕在情感情绪里。

7岁之前孩子的心智发展建立在神经系统的蓬勃发展的基础上，对各方面都有很强的感受力和学习能力。孩子面对一件事情用自己的感受去感知，比如一个孩子回家，感觉到家里气氛不对，他也开心不起来，原来是爸爸妈妈吵架了，虽然爸爸妈妈表现还和之前一样，但孩子能感受到和往常的不同。有个报道说汶川地震前有户人家的两岁小孩一直哭，妈妈抱到外面哄的话哭会停下，抱回家里又哭。许多的不同是客观存在的，只是成年人的感受力不如孩子强，成年人习惯了用信息用逻辑来判断，而弱化了自身的感受力，也就越来越不信任自己直接感觉到的。

随着年龄的增长，我们会通过我们的感受来获得一些经验并知晓一些规律，开启有节律的生活。进入小学是一个标志，意味着即将面对新的课题。而心智发展也将迈入一个新的阶段，思维能力同样迈入新的阶段，从具象到逻辑，从逻辑到抽象。这个变化不仅仅是学科上的学习，日常生活人际相处中也在不断地实践和进步。

因为入学年龄的规定，在一个班级里小朋友们的表现必然会有差异。小薇的表现也具有一定的代表性。她富于热情，乐于助人，老师因此对她表示信任并派她做一些事情，但是，她应对事情的方式依然还是婴儿的方式。一个小婴儿一着急就哭，我们不会觉得有什么，他还不会说话，不知道如何表达自己的想法，而小学生会被期待，也可以有更合适的表达方式，除了哭。生活的经历和实践会帮助孩子过渡到新的年龄角色。

小薇妈妈的担心包含很多内容，孩子的反应模式、老师的看法等等。当下的事是和孩子确认她的哭代表的意思是什么：着急，但是不知道还能有什么办法完成老师交代的事情；沮丧和无力感，同学们不理会她；害怕，老师会不会因此责备自己。这些情绪都可能出现，知道具体是什么之后才算是了解了自己孩子的反应模式，也才有重新建设的方向。

孩子和父母交流感觉到轻松并得到理解，这本身就是一个赋能的过程，影响她的不是发生过的事情，而是她对这些事情的看法。一年级的孩子也许还不怎么懂得运用策略，那就和她讨论下她的哭给她带来了什么：老师的评价、同学们的看法等等。亲子之间交流微妙之处是需要根据当下孩子的反应而反应，顺应她的需求去"喂养"。在这里罗列的一二三，也许会在好几次的交流中才能逐一传递，幸运的是，我们和孩子之间有大量的交流机会。保持自身的学习状态，不断地去看到自己和孩子的潜力，边经历边长进；而不是准备好教材、选择好时间，倾囊相授，这不是亲子教育的真谛。

孩子的模式会在经历中不断地更新优化，更新优化的方向是更加符合他人（比如老师、家长、好朋友）的期待，让自己感觉更好（充满自尊、自信）。对于家长来说，明确自己的期待、表达自己的认同就是帮助孩子。比如，当孩子碰到一件照以往惯性都会哭的事情她却没有哭，此刻，妈妈就要明确地表达出来，给予赞赏和肯定，那么，她模式的转换方式就向着"不哭"这个方向发展。

小孩子表达对"不够"的担忧，看上去是怕物质上不够，隐含的意思是爱不够。爱不够是她潜意识的感受，推动她的言行反映到意识层面是东西不够。这个爱在幼小时候是肌肤之亲和情感回应，再大一点是关注、回应方式和教养。幼小时候妈妈工作忙碌，很多时候是外婆管她，后来又有了小弟弟，这些都会让她感觉到"爱"的不够。家有二孩的家庭总会有"争爱"的事情发生，虽然看上去争的是

玩具、零食、妈妈的陪伴、爸爸的奖励。

　　理解她"争宠"背后的安全感需求，并将她带进新的家庭结构中，让她在新的结构中有存在感。给她吃一颗"定心丸"：妈妈最爱你，妈妈选择先有你，你是姐姐，你永远比弟弟大。带她一起照顾弟弟。一起做妈妈的小帮手，通过和妈妈的接触和互动赢得妈妈的赞赏这本身是符合孩子内心需求的。在新的家庭关系中发展她自己，让她有自豪感，并找到自己的位置。家庭序位对每一位成员都很有意义。

　　家里有兄弟姐妹的孩子在适应学校生活上也有优势，学校生活对她在家庭中的表现也有帮助，因为合作这个课题在两个场景中都会经常发生，合作精神在不同场合是可以通用的。

4. 尊重孩子的自我，保护孩子的自尊

8岁的孩子还没有形成稳定的人格或性格品质和特质，但对自己已经有一些心理特质上的评价，我们把"评价感知到自身拥有的品质"叫作自尊。高自尊的孩子对他们是哪类人感到满意，他们能认识到自己的优点，也了解自己的不足并努力克服它们，而且他们对自己表现出来的特征和能力持积极态度。尊重孩子的个体独立性，保护孩子的自尊，贯穿于整个家庭教育过程。

宁宁（八岁）每天练习毛笔字两页，一页工整一页潦草。宁宁说不好好写是因为累了，但又不能不写，否则第二天要补齐。妈妈觉得写得这么差不如不写，说话间不小心弄破了写着毛笔字的纸，宁宁要求妈妈向纸道歉，不道歉的人是白痴！妈妈火大：你在纸上写乱七八糟的字，你才需要和纸道歉！妈妈最后发现偏离了主题，不但孩子没有改正，自己也被卷入负面情绪中。

自从孩子从一岁多开始有了自我意识之后，这个"自我"在社会性发展中不断得到滋养和成长，父母也在亲子相处中不断提供描

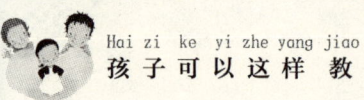

述性信息和评价孩子的行为以帮助孩子扩展他的自我意识。比如：你是个遵守约定的女孩；你很自觉；你把这件事讲述得很完整……

3—4岁的孩子就已经形成了信念—愿望心理理论，这个信念指的是对现实发生事情的解释，比如小朋友打碎了花瓶，她会和妈妈说"我并不想那样做，我希望花瓶好好的"，以此来消除妈妈想惩罚她的想法，达成不被惩罚的愿望。宁宁的"信念"是：我累了，但是不能不写，所以写得差。希望以此信念达成"我已经完成作业，请别计较我作业质量"的愿望。

8岁的孩子还没有形成稳定的人格或性格品质和特质，但对自己已经有一些心理特质上的评价，我们把"评价感知到自身拥有的品质"叫作自尊。高自尊的孩子对他们是哪类人感到满意，他们能认识到自己的优点，也了解自己的不足并努力克服它们，而且他们对自己表现出来的特征和能力持积极态度。

亲子相处中发生的事件都是孩子自我成长和自尊建设的载体，交流在前，评判在后；先看亮点，再谈不足。

"今天做了这么多的事情，这么累，你还能完成两页练习，真是一个遵守约定的孩子！"——肯定孩子的行为，保护她的自尊；

"第一页写得漂亮，第二页不工整，有点像是乱写的，没有发挥出你的水平啊！"——客观描述看到的现象，表达自己的感受，保护她的自尊；

"看样子第二页是白写了，你打算今天重写还是明天再补？"——表达自己的态度，允许孩子有选择，保护她的自尊。

两个人之间的交流，流转的不仅仅是内容和信息，还有情感，妈妈越是少评判和保护孩子的自尊，孩子就越会倾向于合作的回应。

如果，宁宁还是辩解并表示不愿意补写，妈妈可以将事件在时间轴上往前和往后扩展一下，让孩子感受到妈妈的态度、她自己的责任以及可能的后果：

"你觉得怎么办？我们的目标是每天练习两页，每页都认真工整。有时你玩得累了，会影响毛笔字练习，那怎么办？如果为了这个取消其他的活动太可惜了！"——引导她自己提出建设性的意见，自己想的方案更加容易执行，她的感觉也会更好。哪怕妈妈内心有想法，也不急着拿出来，无论如何，要始终记得初始议题和整体目标。

以上的铺垫会促使一个合作的关系的形成，会让当事双方协商出一个更加合适的练习方式，只是在执行过程中，妈妈需要给予提醒，保证如约进行，宁宁也会为自己能履约感到骄傲，容易将这种模式复制到其他事例上去。

孩子的心理状态并不稳定，很容易受外界干扰，也很容易被自己感受左右，若是父母也变成"孩子"，情况自然会变得乱糟糟。也许有人会说，这样的事情使用父母权威就够了，要求她一定要做，她肯定也会做的。一方面每个孩子个性不同，强硬未必行得通，从长远计，合作才是可行之路；另一方面，孩子自我在蓬勃发展，她的自尊建设关乎她的未来，父母若是为了一时"得势"而错失培养孩子高自尊的机会，也是得不偿失的。并且，不管是成年人还是小孩，彼此理解和尊重都值得推崇。

这件事还有个特别有意思的插曲是"向纸道歉"。宁宁成功地将注意力从"练习不过关"转移到了"纸不开心"上。孩子从一件不受控的事件逃离开，转移到自己占有"道德优势"的一方，确实也是机灵的，但这个机灵用来对抗家长，却不是父母想要的。

妈妈可以选择不接这个话题：待会儿再讨论这件事。

也可以暴露孩子的"小心机"：你是想逃避补写这件事吧？

宁宁给妈妈设计了一个陷阱，道歉还是不道歉都不是妈妈想要

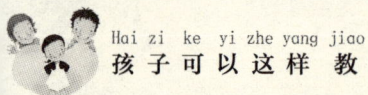

的选择,其实还有一个选择:不选择。

宁妈的回应已经一只脚踩进了陷阱,因为已经接了"向纸道歉"这个话题。并且,生气会降低自己的气势,在双方"对峙"过程中,生气的一方也是气势弱的一方(补偿原理)。虽然母女之间这不是很重要,不过,家长对权威的"丧失感"会产生无力和无助的感觉,进而不利于事情的处理,也会影响母女之间的感情。

如果一定要理论一番,以下几点可做参考:

1. "白痴"这个词不会让任何人愉快,不可以用在家里人身上,也不可以随便用在别人身上。这一点,郑重和宁宁说明,这是父母之责。但也不用太过紧张和恐惧未来会带来什么后果,小孩对一些词语的意思未必有那么深的了解,只是当作"武器"拿来用一下而已,父母的态度可以匡正孩子的概念。

2. 妈妈更加强烈的感受是宁宁的态度而非被指为"白痴"。他人对自己的态度虽然很难求得,不过对于还在长大中的孩子,需要告诉她自己的感受:你的这个态度令我非常不舒服。至于白痴这个"帽子",并不是你说什么就是什么,妈妈自己很清楚自己是什么样的人,如果这是你送我的礼物,我不接受,那么礼物依然属于你,请你自己处理。

3. 生气的家长感觉到自己"弱势",往往会用其他手段提升家长的权威性和掌控感,以此来平衡,所以一般会大声指责甚至挥手打过去。如果能觉察到"生气"并不被"生气的情绪"左右,那么,打骂的事情会不容易发生,后续的愧疚也一样不容易发生。

5. 往你想要的方向推动——积极关注、正面引导

1.孩子的现状是我们日积月累的回应的结果，反思会让我们成长。2.孩子的未来可以通过我们"正向强化"成一个"理想"的样子，行动会让我们得偿所愿。3.以上两点基于一个前提：身心一致，言行思一致。

紫妈有个烦恼：九岁的女儿不想分床睡，总想和妈妈睡一个被窝。妈妈睡眠不好，并且也希望女儿更独立一些。看到女儿晚上睡不好半夜来找自己，又会很心疼。在纠结的"爱恨交加"中，始终没达到理想的状态。

《心理学导论》这本书中介绍了一则实验。这个实验的过程是一组事先约定好的学生如何"引导"讲台上的老师更多地站在讲台一侧讲课。当老师走到讲台左侧，这组学生就表达出更多的关注：身体前倾，眼神专注，满脸笑容。当老师走到讲台的右侧，这组学生就表达出更多的忽视和厌烦：身体往后靠，打哈欠，不看老师，发出嘘声和叹气声……如此反复之后，这位老师渐渐地被"引导"到站

在左侧讲课。

这是关于互动和强化的一个实验。心理虽然看不见摸不着,但会通过言行显示出来,可以读懂它,也可以回应它影响它。

亲子之间有频繁的互动和强化,当我们看自己孩子,从不同侧面会观察到他的优点和缺点(姑且用这两个词,为了方便表述起见),这些优点和缺点又往往是一种"反应模式",这些林林总总的反应模式大部分来自亲子之间的互动和强化(家庭教育的重要性不需要多做解释)。

比如,当孩子找我们说一件事的时候,我们有没有停下手边的事情,并且看着他听他说?我们的眼神是期待的还是厌烦的?当他表达自己的能干或受挫的时候,我们的反应是如何的?有鼓励的拥抱吗?或者握一下手表示支持?在这个过程里,我们的表情会怎样的表露我们的情感?

我们通过肢体和言语与孩子产生心理上的连接,同时,回应的方式也会强化他的行为方向。被关注是孩子的重要需求之一,他在成长中的忐忑需要存在感来消除;其次,他会重复"被关注的言行"来验证自己的价值;最后,他在互动中会倾向被接纳和肯定的强化方向。

母女之间的交流方式是比较缺乏黏性的,这是紫妈的反思之一。别人家母女之间经常搂搂抱抱亲亲热热,自己对女儿似乎偏向疏离一点,不习惯这样。对于孩子表现好的部分,夸赞的话语也比较干巴巴;对于表现欠佳的,责骂甚至体罚也比较容易发生。

紫妈也曾疑惑:她是不是缺乏安全感?是,大家或多或少都缺乏一点安全感,但直接告诉孩子"没事""不用怕""妈妈爱你"是无用的。和孩子之间的交流需要更多的感受性交互和匹配的行为。也许,她不想一个人睡,这个愿望背后包含着"需要更多的关注"。

白天上学是离开妈妈的，回家忙着写作业，妈妈关注更多的是孩子的学习而非孩子本身，那么，晚上"可以黏着妈妈睡"就成为她积极努力的目标。紫妈记得有一次半夜醒来发现小紫同学就蜷缩在自己的脚下，女儿怕吵醒自己，怕被赶走，不敢弄出太大动静，偷偷找了个空睡下了，妈妈为此泪奔。紫妈也曾试图和孩子讲道理，讲道理时孩子表示同意独睡，但到了晚上，这样的睡觉问题依然反反复复出现。

孩子不是用耳朵来判断自己是不是值得爱的，也不仅仅用耳朵去判断，更多是用心感受。当我们的言行不一的时候她会混乱。她需要反复验证这一点，也许有一天她会放弃"验证"，那么独立的代价可能是亲子关系的一条裂痕或者是她对自我价值的一种贬低。

自然，成长是离开的节奏，独立是必需的。但这个过程是需要父母参与的，她的每一点进步和独立尝试都需要爸爸妈妈的鼓励，这个鼓励包含关注和肯定，是孩子迈向独立很需要的支持。参与妈妈下午茶活动的其他妈妈会问：她从来都是不肯一个人睡吗？她一个人好好地睡过哪怕一次吗？其实是有的，也不止一两次，只是紫妈将之视作"理所当然"而忽视了。如果，每一次的努力都能得到正面的肯定和强化，那么，她的行为自然会倾向于重复它，我们想要的和她本可以达成的结果就自然达成了。

简单粗暴一点的总结是：

1.孩子的现状是我们日积月累的回应的结果，反思会让我们成长。

2.孩子的未来可以通过我们的"正向强化"变成一个"理想"的样子，行动会让我们得偿所愿。

3.以上两点基于一个前提：身心一致，言行思一致。

6. 他需要的不是道理，是倾听、信任、赋能、策略

> 陪伴孩子是一个动态变化的过程，因为孩子在长大。他的自我认知以及对家长的期待都在变化，一成不变的方式自然不会一直管用，唯一不变的是变化。

一位六年级男生妈妈。她听她先生说起过我，但不了解，能很快那么坦诚和信任地和我倾诉她和孩子之间的"烦恼"，我想原因不在于我懂得比她多，给了她许多建议，而在于，我真心在听，我去感受她的内心，我的回应让她感觉自己似乎有了新生的力量。而这一切，我相信，她会很自然地"迁移"到她和孩子的相处模式中，若是能给双方多一些时间，我相信她的"烦恼"将不像当时那样那么困扰到她。

孩子的事情，丝丝缕缕都会浸入到父母的思维和生活中，感觉到"拿不起"也不容易"放得下"，在不断的纠结中，在思想的发酵中越发烦恼。这一点，是亲子关系的独特之处，所以，坦然面对和认真处理才是良策。

这位妈妈和我交流的事情并不新鲜，无非是孩子遇到一些事情，妈妈从"可以教育"到"可以讲话"再到"吃闭门羹"的历程，妈妈的失落和对孩子的担心随着孩子的年龄渐长而渐长。

第一阶段：一边和他讲道理一边帮他解决问题。孩子在学校发生了一些事情，比如犯错，比如成绩不理想，回到家里，自然先接受"教育"，然后在父母督促下改进。初始阶段会有效，也许是孩子还小，父母权威也还管用。

第二阶段：当孩子对扑面而来的"道理"觉得"我都已经知道了"的时候，他自然会腻烦。家长发现不能道理先行，于是开始学习怎么和孩子沟通，发现"要尊重孩子的感受"，需要先关注他的感受，让他在一种被尊重的氛围中开始讲道理。

第三阶段："尊重孩子的感受 — 教育 — 解决问题"又渐渐地开始缺乏效能。问题出在哪？长大了的孩子想要自己做主，他希望由自己解决问题，希望自己去体验整件事情。这位妈妈就卡在这里了。妈妈觉得自己会先关注孩子的感受，然后和他讨论事情，指导改进。但是，孩子似乎并不合作，会关上门不理妈妈，对于一些金玉良言的回应也很消极。

每一位新手妈妈都经历过进入新角色的慌乱，一段时间后，终于"拿得起"了，知道怎么照顾宝贝，知道怎么陪他长大，也开始乐享"妈妈"这个角色。但是，孩子渐渐长大，妈妈骤然发觉要学习的不是"拿得起"而是"放得下"了。

陪伴孩子是一个动态变化的过程，因为孩子在长大。他的自我认知以及对家长的期待都在变化，一成不变的方式自然不会一直管用，唯一不变的是变化。

对于大孩子（高年级小学生以及中学生），倾听时的尊重和信任很重要，不着急支招，先听听孩子的观点和看法，听听他对这件事的态度，也听听他打算怎么办。在此前提下，父母的指导才是对孩子赋能，父母经验得来的策略才会被采纳。

我对这位妈妈说：在你关注孩子的感受时请只是单纯地关注他的感受，而不是为下一步讲道理做铺垫，若是有许多预设，你的心自然急于跳到下一个步骤，你以为孩子不知道么？！

第二章
妈妈的柔
爸爸的刚，
成就孩子的韧

1. "妈妈"是孩子"关系发展"的源头

家庭是孩子学习的初始场所，学习到的部分将被复制和迁移到其他区域。若是如此，父母的作用何其大焉，若不是这样，还能怎样呢？几乎孩子的每一个不如意之处都能从这个源头找到答案，全世界有许多专业人员致力于此，我只是一个"搬运工"。

四年级的辉辉喜欢闷在家里，不爱出去玩。学习欠主动，做事也缺乏热情，提不起兴致。平时爸爸会陪他一起玩，比如电脑游戏之类，但基本是室内的。家里三代同住，辉辉妈妈当家，在孩子教育方面也是唱黑脸的那个，爷爷奶奶搞不定的时候就会搬出妈妈来"吓唬"辉辉，妈妈不太乐意但也不得不接受这个现状。

有一些孩子，当我们看着他们，感受到的是一个"热气腾腾"的灵魂，扑面而来的是四射的活力；而有些孩子，却是暮气沉沉，似乎缺少对这个世界和这个社会的好奇和主动。

辉妈对辉辉的一段描述中有两个关键词：主动性和社交。这两件事情貌似体现在不同的方面（前者表现在学习和做事上，后者表现为闷在家里），但根源相近，并且交叉影响。其中有个关键人物是：妈妈。

妈妈是关键人物，但其他家长也在起作用，比如爷爷奶奶和爸爸。许多处于爷爷奶奶照顾下的孩子容易欠缺主动，因为有人很周到地伺候好一切，起床有人喊，衣服有人穿，吃饭有人夹菜，上学迟到了有人着急……渐渐地，孩子的主动性就在"不被需要"中消退了，或者说，没有足够的土壤让主动性萌芽、发展。非自发的行为缺乏内在驱动力，也不容易有自我负责的意愿。表现出来就是缺乏热情、不生动、提不起兴致。

每个人都更加愿意为自己拿的主意去努力，更加愿意为自发行为负责。把孩子的事情还给孩子是许多家庭需要做的功课——让孩子做主，同时让孩子承担后果。

爸爸作为男性的代表，陪伴孩子自然有很深的意义，陪孩子玩什么却有些讲究。可以陪他玩游戏，多一些亲子互动，也可以陪他向外走——认识世界。如果更多的是安静的游戏，更多的是室内的游戏，更多的是小世界的游戏，那么，对于四年级的男孩来说，"营养"程度有点匹配不上。

爸爸是孩子的重要他人之一，他在孩子心里是什么样的榜样对孩子成长也一样有很深的意义。如果爸爸将家庭的"权力"完全交给妻子，并且对此没有特别的交代，那么对孩子男性特质的发展会不利，他内心会有一种混乱感，这一点在他不久之后进入青春期阶段将会表现得更加明显。

一般来说，一个家庭里会有一些规则和界限。有一些事由妈妈做主，有一些事由爸爸拿主意。即便是妈妈做主得多一些，也是代表整个家庭，而非妈妈比爸爸更加强势有权力。如果在孩子眼里，家里的事都由妈妈做主，并且当爸爸妈妈不一致的时候，爸爸被迫让步直到形成一种模式，或者是当父子之间有矛盾时将妈妈搬出来当仲裁，这些都不太利于爸爸在孩子成长过程中的正面作用的发挥。

尽量不要"物化"妈妈这个角色，将她当作一个"工具"，同时也要让爸爸这个角色凸显在孩子的成长轨迹里。

妈妈之所以是关键人物，并非因为在辉辉家，她是当家做主的人，而是"妈妈"这个角色本身赋予了她更多的关键作用。

按照弗洛伊德的理论，母亲是婴儿最初的安全基地和表达情感的对象。在母亲温和的关注和及时反应下，小孩更容易形成安全型依恋，与妈妈（然后与爸爸）形成安全依恋关系的孩子有更强的社会反应性。而这，就与社交能力息息相关。

安全型依恋的年幼儿童对敏感的、反应性强的养育者形成了积极的心理作用模型，这又使得他对其他人有一种预先的积极看法，这样的心理基础会让他更容易开展社交并提高社交能力。

除了幼时的依恋模式，还有其他许多方面也会产生影响（抑制或促进），比如如何给学龄前孩子创造社会化机会，在孩子与伙伴交往过程中如何干预和引导，日常对孩子的教养方式是什么风格，等等，这些和爸爸妈妈都有关系。但更重要的是妈妈，妈妈是孩子和他人建立关系的源头。爸爸对孩子的行动力、未来的成就担着更多的培养责任。

对于四年级小学生而言，同伴关系已经是孩子社交中的重要关系，良好的同伴关系让孩子有归属感，在学业和日常生活中也是互相促进的源泉。如果意识到自己孩子比较欠缺，家长需要做的，第一，是自我反省，重新自我定位，做回妈妈的角色，而不是"权威家长"；第二，多创造一些机会让孩子接触这个世界；第三，也是最重要的：学习放手，让孩子回到主动的轨道上来，让他有自主选择的权利和欲望。而父母自己，需要做出榜样。如果还不够，找专业的渠道做一些社交技能训练。

2. 妈妈先用本能还是职能？

当孩子向妈妈倾诉负面事件负面情绪时，妈妈是首先启用拥抱接纳安抚的本能呢，还是站在家长的角度论断是非对错行使妈妈的职能呢？先处理情绪再处理事情，工作上如此，亲子关系更是如此。

有位妈妈说：我不在乎她的成绩，不在乎她多少能干和优秀，我在乎的是她不要那么情绪化，遇到事情能好好地和我交流，不要瞒着我。

是的，我们拥有的我们都"不在乎"，我们缺什么在乎什么。

一眼扫过去，自定义一个标杆，达标的优秀的，不理，欠一点的，盯牢不放。或许是短板理论中毒太深，胡乱就套到孩子头上也不细究到底是真的欠缺还是个性使然，或者压根就是还没长到这个份上，又或许是对自己孩子定位不清，如果我们是普通的人，又凭什么要求我们的孩子是最出色的那一个呢？如果我们是优秀的佼佼者，孩子的不如意表现又来自哪里呢？

实际上，我们在乎孩子的所有。只不过觉得那些"好"的，不用操心它，那些"欠好"的，赶紧加油补起来。把焦点都倾注到了"欠好"之上，越看越急，越多地加入个人的情绪，但越是这样，就会越漫无头绪越恐慌。

焦虑和恐慌不但破坏自身的感受力也破坏头脑的理智。这才是根本。并非我们不需要关照孩子"欠好"的部分。

孩子带回的负面事件负面情绪是一个提醒，提醒我们的教养之道是否有失偏颇，提醒我们是否在这个当口需要告知她一些规则。它也是一个教育契机，让我们借此去学习如何在负面事件中获得正面的力量，如何用自己的力量转化她的负面情绪。

当孩子在学校挨了老师的批评，回家和妈妈诉说。妈妈了解情况后只做了两件事：一是向她重申她确实是错的，老师批评得对，二是对老师要尊重，哪怕老师批评得有点过分。结束。

孩子经历了一件负面事件，挨批了，情绪不佳，丢面子，又觉得老师过分。对于她来说，就是一个未完成事件，事情前半段已经由老师完成，后半段即处理情绪的部分希望借助妈妈完成。但是，妈妈给予的是重来一遍是非对错式的评判，再抡一下道德大棒。如此，孩子失望是必然的。

未完成的部分去哪里了呢？压入内心深处，发生得多了，成为一种反应模式，下次类似的事情一旦发生，潜意识会告诉她：不要告诉妈妈，妈妈帮不了你，而且会让你更加难受。于是，孩子和妈妈主动交流得少了，即便问，也缺乏热情汇报。

静下心来换位思考一下：孩子在挨批的时候已经知错了（不要低估孩子的认知能力），甚至也有了"下次不再这样"的决心，她需要的不是再次被认定她是错的，她"有罪"，而是需要一个接纳，接纳一个挨批后情绪不佳的自己，在妈妈这里感受一下"无论我如何，妈妈都爱我"。老师和妈妈不一样，有学校的老师就够了，我不需要学校

一个老师,家里一个老师。我想要的是一个爱我的妈妈。

后续的尊重以及建议,如果在接纳她的基础上,很自然地渗透;如果评判再一次降临,孩子会关上自己的耳朵,甚至内心。所以,再多的大道理都没法奏效。

妈妈这个角色是基于本能基础再加后天的学习而生成的。但经常被当作一个职能来用,职责定了很多,感受都被压到角落里去,渐渐没了"地位",渐渐失去了"功能"。

如果依着一个妈妈的本能,在上述的例子中,首先做的会是关心她现在感觉怎么样,是很难为情还是很难过?平复她的心情之后和她共同讨论下"是非对错"以及老师的评判是否过度,再谈对老师的理解和尊重。先处理情绪再处理事情,此刻,当下都是情绪的事情。

一个品格优秀的孩子不会因为和她先论感受再论事情就变坏变骄变成是非不分的人。而正是父母良好的处理方式不但提高了她的安全感也会令她学习到为人处世之道,在她将来处理与他人之间关系时也能自如运用。

有的孩子表现为情绪爆发,天性如此是一种,来得快,去得快。那么和她聊聊表达方式,我们不愉快、生气、愤怒或者开心、激动可以有很多种方式表达,试试用其他方式表达,不一定要大喊大叫大哭或者是撕扯东西。相信她在被理解的情况下会有智慧想出其他的方式,不至于惊到他人,或者伤到自己。也有的孩子情绪爆发是因为不知如何表达自己的郁闷心情,学校里规则多,而且老师权威大,自然不是尽情发泄的地方;回到家里,依然是一样的气氛一样的条规,对于一个孩子来说,确实是压抑的,没有正常渠道抒发,不受控爆发了也未必是坏事。这样的提醒也许会"惊动"家长。压抑的情绪产生的力量对外伤人对内伤己,从孩子健康成长的角度来说,两害相权取其轻,还是爆发出来略好点。

如果你的孩子本性是安静的、斯文的,爆发性的表现需要进一步观察,找原因,压抑得多了,一下子导出来,自然是比较惊人一点,那么找找压抑住的是什么,是怎么发生的,父母在其中做了什么。

妈妈这个角色,很有挑战性。智慧在于不做什么,而非做什么。参加"妈妈下午茶"的妈妈有时会恍然大悟:我知道我该怎么做了!我会很"扫兴"地说:先学习不做,再学习做。

3. 在妈妈的脾气中看爸爸的位置

> 冲突是一件很有意义的事,让我们觉察到整个关系中有一些"不平衡的事情",它以冲突的形式暴露出来,是一个极大的提醒:每个成员的位置、界限、责任在哪里?

妈妈下午茶以"和孩子有关的故事"为载体,向妈和大家讲述了一则亲子冲突事件:女儿(十岁)练琴时和爸爸顶嘴,妈妈在厨房听见,有点听不下去了,冲出去冲孩子发飙,并将她拎到沙发上打了两下,并开始数落,从一件事说到其他事。女儿倒是没有吭声,一向都是怕妈妈一些,所以没有顶嘴。事后妈妈隐隐觉得有些不妥,但也不知道如何才能让自己冷静下来。

冲突是一件很有意义的事,让我们觉察到整个关系中有一些"不平衡的事情",它以冲突的形式暴露出来,是一个极大的提醒:每个成员的位置、界限、责任在哪里?

向妈当下有一个忍耐的过程,听到女儿对爸爸无礼,忍住,继续听到,忍不住;日常生活中也有一个忍耐的过程,参加学习或者好友提醒后的几天内,尚能忍住,过了几天,忍不住。

情绪若是忍在心里，后续没有得到疏导或发泄，也会像细菌一样繁殖出更多的分量来，冲破阀门的力量也更强，一旦没忍住，威力也就更强。也许它的爆发只需要一根导火索，比如听到孩子对爸爸无礼。

关于这个"繁殖"，可以举一个例子帮助理解：孩子有了我们原先不能容忍的行为，我们忍下了，内心里会同时产生"这次我不骂你，你应该知道我放你一马"这样一个"小地雷"。因为妈妈并没有表达出来，孩子未必知道妈妈的"心路历程"，所以也未必理解和"知恩"。这个小地雷也可以理解为我们在对一个人好的时候同时释放的一个"期待"。比如我送你一件礼物时会期待你回礼，如果你不回礼，我会不开心。

如果把自己的心情和决定表达出来，让对方知道其实你已经放她一马了，表达过之后这个小地雷就不容易产生了。否则忍了三分，爆发起来可能六分都不止。

实际上，当我们送他人礼物时是基于自己的心甘情愿，基于这个人值得我对她好，并非因为"她给我回礼"的可能（期待）。如果妈妈选择不责怪孩子，那是基于妈妈自己的修养和爱子之心，基于有更好的方式帮助孩子，基于信任孩子有"想更好"的内在愿望。若是孩子感谢妈妈的"容忍"和理解并给予积极回应，那么，就如你收到朋友的回礼，会是一件很开心的事。当我们看得稍微广阔一点，你会发现，朋友之间的回礼、亲子之间的感恩都会自然发生。

孩子有时候在三角关系里表现出怕妈妈，和爸爸说话较少顾忌，也许是因为在爸爸那里能找到些存在感——自己是被宠爱着的。最理想的是父母比较一致，让孩子感觉是家庭规则在约束她而非妈妈在约束她。其实孩子不敢和妈妈顶嘴，并不意味着她就"臣服"了，她若是不会处理自己的情绪，也会压抑在心里，也会滋生出

"小地雷",在未来(比如青春期)随时引爆。

随着孩子的长大,和孩子的沟通方式也需要跟进、变化以相匹配,威严的家长放不下自己的权威也是一种"怕"——害怕失去这个权威的位置。如何评估我们的教育方式?至少要考虑两个方面,一是看效果,有没有达成目的;二是看两人之间的关系有没有受到损害。当然,我们想要达成的结果如果是以牺牲亲子关系为代价的,那是不划算的。每一个人的人生都是重要和需要尊重的。

父女之间的互动,如果爸爸不介意,那是他们之间的事情,也许爸爸不需要我们跑出来捍卫他,或者私下里问问爸爸:你真的不介意吗?我担心孩子会被你宠坏……我们内心里都住着一个小孩,是小时候的我们自己,有时爸爸对待女儿的方式也是照顾自己的一种方式——小时候的自己被父亲严厉对待,感觉不好,我不想让我的女儿也有这样的感受。

对孩子表达关注和爱的方式有许多种,参与学习提高自身素养是比较长效的一种。学习的方式也有千百种,参加"妈妈下午茶",分享当下面对的亲子困惑,坦诚地互相交流,在专业的指导下反思,在困境中激发自己的潜能,是具备双重意义的,爱孩子也爱自己。不同渠道会有不同收获,敞开一颗学习之心是首要的。

4. 我已经有一个妈妈了，我想有个爸爸

> 也许，对于孩子来说诉求非常简单：我已经有一个妈妈了，我想有个爸爸。

祺妈晚上出门做头发，孩子交给爸爸照顾，才两个小时爸爸就打破了一直的作息和规律，虽然出门前都沟通和提醒过的。祺妈感觉放手给爸爸好难，平时这个点都已经给她洗漱好了，准备上床睡觉了。可是爸爸带着她这个点还在外面玩，又给吃东西之类。祺妈边做头发边焦虑不安，为何每次放手给爸爸，每次都出意外？

妈妈们对爸爸的各种吐槽：

只要放手给他，基本每次都出意外；

现在的爸爸大都是熊爸爸，真是中国教育和文化的悲哀；

孩子知道爸爸会迁就她，所以几乎每次都趁和爸爸在一起的时候，提出吃零食或其他我平时不允许的事，比如长时间看电视等；

爸爸的成长远比妈妈慢，有性别的因素，更有大环境的影响，有些放手是要付出代价的，我不敢；

私底下和爸爸沟通很多次，他也知道孩子需要有一些约束和规

矩,不能溺爱,可遇到事情时他就完全忘了;

有一个成熟的爸爸,真是孩子和家庭最大的幸福;

……

很多时候宁可我累点,也不愿意常让爸爸带,孩子连续跟他几次后明显不同,孩子会很疏远我;

爸爸的教育也许要比妈妈宽容和大胆,但是违背原则和粗心那就伤不起了。

要爸爸改变,难,爸爸年纪都大了,靠外界改不了,男人只有自己碰到大坎,才会一下子开窍。

相当大一部分爸爸是太随性,这是事实,我们同事也聊过这个话题。

做妈妈都这么累了,还要做丈夫的心理咨询师,把他改造成心理健康人格健全的完美男人,实在是给自己没事找事,还是省下时间改变自己好。

改变不了别人,就改变自己吧,就接纳和多担当吧,这也是女人自身的一种成长。我用带孩子的方法鼓励爸爸,有效。大概男人有时也像孩子吧!

其实咱们很多爸爸就是这样被我们妈妈自己推出孩子教育视野,爸爸们为了家庭的和谐,大多都会选择逃避。

妈妈觉得自己是主宰,其实爸爸很随性。

小朋友已经有一个妈妈了,不需要再来一个妈妈,她需要一个爸爸。一阴一阳,一柔一刚,一内一外,老天爷预设了"两极"来平衡一个孩子成长过程中需要接受的家庭教育,一位母亲,一位父亲,共同养育孩子成长。事实并非如此,父亲缺位并不稀奇,有的是从未有心进入过这个角色,有的是生生地被母亲拦在门外,有的是在笨拙中不被待见而放弃。

爸爸参与孩子的养育，这件事本身"先天不足"，比不上妈妈怀胎十月早已与婴儿建立的深深情感，孩子出生后哺乳和照顾又是妈妈当仁不让的职责。

起点本身就低，若是妈妈不拉一把，赶不上趟就显得非常顺理成章。每一个人，都会有远离"挫败感"的倾向，如果被视作笨手笨脚，那么，"少做"是自然选择。

妈妈，真是一个很伟大的词，除了辛苦孕育当好妈妈这个角色，还需要将爸爸拉到孩子身边帮助他体验爸爸的角色。当孩子一点点长大，妈妈还需要将孩子往爸爸身边推一推，帮助孩子与爸爸建立情感联系，同时，也让爸爸帮助孩子学习与妈妈的分离。这一拉一推的工作并不是每一位妈妈都有意识并付诸行动。许多妈妈等着爸爸"开窍"，也不放心让孩子和"不靠谱"的爸爸在一起。

对于小婴儿，有妈妈就够了，有奶吃，有温柔的怀抱。渐渐长大，他需要更多。是的，现代的女性很强大，似乎能给到孩子全方位的教育，比如单亲妈妈也能教育出很优秀的孩子。只是，教育权不仅仅属于妈妈，也属于爸爸——除非他放弃。如果一个妈妈觉得唯有依着自己的规则和理念才是对孩子最好的教育，这本身是有局限的——并没有完美的存在。我们教育孩子的过程是协同孩子共同成长的过程，妈妈如此，爸爸也如此，正如古人云：子非鱼，焉知鱼之乐？孩子会从两者身上汲取不同的营养，也正因为有不同，才有平衡，我们教养孩子的目标不是复制一个自己，而是协助他成为自己。

爸爸的"不靠谱"并不一定都出自"无知"，也许是一种无声的隐秘"反抗"——所谓的刷存在感。对于孩子来说，对规则外的好奇永远都会存在。在这样的前提条件下，出一点问题就在所难免了。

爸爸妈妈教育理念一致最大的好处是孩子不容易混乱，也不需要选择靠着哪边站，对安全感的建立有很大的好处。但是，并没有完全一致的教育理念，或者，一个大方向的教育理念并不能指导孩子所有的言行细节，家庭教育中依然会有冲突，那么，是否容许孩子有自己的选择呢？或者说，教育孩子，是基于父母的理念还是基于孩子自身发展的需求呢？

也许，对于孩子来说诉求非常简单：我已经有一个妈妈了，我想有个爸爸。

5.爸爸这个角色需要妈妈共同成就

孩子的成长得益于妈妈的柔性和爸爸的刚性,双亲带着和谐的力量成就孩子的男性特质和女性特质,帮助孩子形成一个完善的个体,那如何经由爸爸妈妈合力达成呢?爸爸的角色形成需要妈妈的助力。

几位妈妈叹苦经:这个家庭教育常识,我是知道了,怎么让爸爸也知道呢?我已经努力行动了,怎么让爸爸也跟进呢?

大部分孩子成长过程中都有双亲相伴,一个孩子的成长得益于妈妈的温柔呵护与爸爸的权威决断,其中有柔性的和谐也有刚性的力量,孩子男性特质和女性特质都得到发展,成长的个体完善圆满,这是我们的理想。

现实中有许多这样的家庭,教育孩子事务几乎全部落在妈妈身上,既要管理吃喝拉撒,又要关照心灵成长。爸爸们冷不丁地出现来吼一嗓子,建立一点父亲的"权威"。

而有的家庭爸爸本身就如一个大孩子,和孩子抢妈妈,因为妻子照顾孩子多了,关照自己少了,会失落、不开心、有抱怨。

也有的家庭爸爸很重视孩子的"教育",尤其是家有男孩的爸爸,依着自己的设计"教育"孩子,充满刚性,抱着不压不打不成材的想法,用力地教。孩子的"本事"确实长了不少,却失去许多儿童的天真烂漫,屈从权威,甚至轻视妈妈。

或许还有一些其他的模式,透出一个信息是:爸爸似乎有点难当。参与少,被批不够用心;参与多,被批用力过度。何谓适量?如何平衡?又是一种怎样的携手模式才不辜负上天赋予的父母之职呢?

妈妈下午茶的妈妈们有许多话要说,一部分是吐槽自家孩子他爸的暴脾气,一部分是在反复"较量"中长的一点小智慧。

某爸对孩子非常严厉,孩子被牢牢地控制在他设计的轨道上,要求孩子做的事情必须要做到,哪怕是一口饭,必须咽下去就决不能吐出来。有时就为了一口饭能酿出家庭纠纷,用心良苦的父亲怒火冲天,不能将气撒在家人身上,家里的东西就遭殃了,不论贵重与否,抡起就砸……记得池莉写过一本关于养育女儿的书,其中写道"孩子爸爸抡起一把椅子就砸过来",无比真实。也是在孩子还小、没有帮手、鸡飞狗跳的当下,男人实在受不了当时发生的一件事情。砸东西或许是男人们发泄的一种方式,如果没有冲着妈妈和孩子砸过来,还算是万幸。许多时候,导火索因为孩子而起,最后却发展成爸爸妈妈之间吵架,原始事件没有解决,又牵连出其他事来,妈妈们有时内心郁闷难以言表。

古训有语:男女有别,分主内外。男女特质不同,关乎家庭教育的事情,女人自然成了主力。爸爸见到孩子之前,孩子和妈妈已经亲密相处十个月,母子连心,这些爸爸们都很难直接体会。为母之道,并没有什么神秘的(除了怀胎十月这件事),所有的技巧都是不断经历体验和投入的结果,妈妈可以,爸爸也一样可以,区别在于始发时间不同以及陪伴孩子方式方法的不同。

虽然孩子最初先与妈妈发生关联,但是妈妈紧接着需要帮助孩子将兴趣扩展到爸爸身上,乃至在孩子日渐长大过程中能将社交兴趣扩展到朋友、亲人和普通人身上。这确实是妈妈的工作,称职的母亲不但能建立良好的母子关系,还需要帮助孩子和他爸爸建立良好的父子关系。

亲子关系除了情感连接之外还有很重要的一个内容,那就是合作。孩子从亲子关系中获得情感上被爱的满足并以爱回应,同时也从亲子相处中通过和妈妈或爸爸的合作来展示自己的能力赢得自己的位置。这种合作的能力除了母亲的教导和规则的设定之外,还有就是父母之间展示的合作榜样。孩子目睹、模仿父母亲之间的合作方式并迁移到其他的关系当中,这对一个孩子社会能力发展有重大意义。

其实,我们的文化有些过分强调男性的优越地位,这会导致女性在自己的"权限"范围内更加的控制,孩子是间接受害者。理想的夫妻关系是相爱相敬,爸爸理解妈妈辛劳并努力做好帮手,妈妈理解爸爸的笨拙努力帮教;爸爸理解妈妈因为生育影响到事业发展的焦虑,妈妈也感谢爸爸为家庭生活做出的贡献。

虽然已为人母为人父,爸爸妈妈内心都住着一个小孩,彼此多一些鼓励和欣赏,彼此信任,在教养孩子这件事上,不断经历,不断生长智慧,不但行使父母之责也圆满了自己。

6. 亲子之间的距离——从亲密无间到亲密有间

> 从"亲密无间"到"亲密有间",一字之差,需要做多少功课?每个人都有自己的人生,孩子不是菟丝子,孩子终究会长成她自己的样子。阻挠妈妈再婚的女孩,看上去很"强大"很"强势"很"厉害",却可能最焦虑最无助。

亭妈和亭是一对单亲母女,亭妈离异数年,亭上小学六年级。亭妈数度有交往的男友,均因亭的干涉而没有结果。最近,有一合适男子正在交往,亭妈非常珍惜这次的关系,希望能走入新的婚姻。亭用很多精力干涉妈妈,如果妈妈不在她眼皮底下,五分钟一个电话查岗,妈妈觉得这已经有点"病态",但无可奈何。

母女关系是很亲密的关系,彼此之间的情感依恋因为单亲的原因变得更加深厚。在现实层面,因为女儿日渐长大,是独立和离开的节奏;在心理层面,对异性情感的建立是本能的渴望,女儿的亲情无法替代男友的爱情。女儿的干涉和对抗有两个方面的原因,一个是失去妈妈的恐惧;另一个是对改变的恐惧,接纳妈妈的男友意味着必须面对新的生活。

任何两个人之间的关系都有一个比较合适的距离,亲子之间也一样。距离的意义是让孩子有自身成长的空间,也是对母亲自身生活的尊重。我们的民族崇尚集体主义,缺乏界限概念,母女之间彼此"牺牲"自己并不罕见。为了保持亲密关系,会向对方让步、讨好,因为害怕关系中断,为了避免麻烦,也会在言行间暗示和引导对方肯定自己的"牺牲"。这类融合在一起的过分的亲密关系令人窒息却无力摆脱,除非处于关系中的一方或双方有觉察并试图改变这一点。旧有模式有强大的力量,让这样的过程反复数次,就如亭和亭妈,"数度交往过的男友"曾创造了"机会"让过度亲密的母女关系拉开距离,但没有结果,直到妈妈郁闷之极的倾诉。

过度亲密关系的另一极端是无法建立亲密关系,表现为拒绝、冷漠、回避、忽视和中断。虽然在这个故事中没有对亭其他的关系作很多的展开,不过,不妨猜测一下,一个女孩如果时时刻刻关注自己的妈妈,她会比较少时间去建立她这个年龄最重要的同伴关系,那么,在一个人成长过程中很重要的伙伴关系,亭是忽视的。

合适的亲密关系程度由当事双方的感受来确定,在母女关系中,母亲希望投入多少情感保持母女关系——姑且从时间精力上考量,母亲希望投入多少情感建设和男友的感情,母亲是有自主权的。亭妈要了解自己的亲密需要,但在和女儿做分离的过程中要准确表达自己的感受并理解孩子的感受。

亭在经历这个过程中受到多方力量的"拉扯",也许,最痛苦最焦虑最无助感到被抛弃的是她。单亲家庭的妈妈养育孩子会付出更多的辛劳,这一点也会成为她被诟病的由头,以此责备她不懂事,不能理解妈妈的需求。只是,我们要看到的是:孩子的长大,包含身体的长大和心理的长大,对于一个在单亲家庭中长大的孩子,心

理上的独立和妈妈对她的放手,需要做一些准备。

在亭的社会关系中,有几个力量在影响她。一个是爸爸,虽然爸爸已经再婚,但是父女之间的血缘关系会让爸爸有种"自私",他会不会在女儿面前有过暗示,并不赞同前妻再婚?爷爷奶奶,会不会也有类似的想法呢?这些是来自爸爸方面的"支持"力量。还有,来自妈妈,妈妈重新恋爱,对女儿的关照、表达方式自然有所不同。多年的互相陪伴,亲密无间,突然,有个人要挤进来,不但挤进来,妈妈还要跟他走,这种分离感甚至是被抛弃的感觉对于一个十多岁的女孩是很大的压力和焦虑。再有,就是那个男子,平时来亭家走动不被待见,有一次,单独地在房间里等,亭妈被亭霸在客厅,于是这位先生就说:我一定要和你妈妈好,我们还要生个小弟弟!这句话让亭更加抓狂。或许还有其他的压力,缺乏界限感的亲人们,会以各种好心的方式来做一些胁迫的事情。

妈妈着急的是该怎么办?既不想女儿如此"霸道"并严重影响学习,女儿马上要小升初了,也不想因为女儿的干涉放弃男友,可心的人可遇不可求,况且自己曾经为了女儿放弃了多次。

妈妈的明朗态度和女儿的理解合作才能解开这个结。

失去妈妈的恐惧、要面对改变了的新生活的恐惧令女儿焦虑,付诸行动——阻挠。她的安全感需要进一步弥补,在言语上妈妈要明确说自己将一如既往地爱她,并且还会多一个人关心她照顾她。除了说,怎么做也很要紧,把言行一致起来。比如不直接和她起冲突,把时间安排得更加合理一些,陪孩子就专心陪,不瞒着她和男友约会,和男友、前夫、身边亲近的人沟通,在言语上对孩子少一些刺激,孩子可以避免一些纠结。

除了补上安全感这一课,对于一个十多岁的孩子,她确实已经不小了,让她感受到这一点:为自己的行为和自己负责。这是一个亲子之间分离的功课，也许是孩子离不开妈妈，也许是离婚的妈妈离不开女儿。总之，双方都要有这个意识：孩子大了，我们之间需要一个空间，保持一定距离，让我们互相关照而同时保有界限。不支持她下意识地用小小孩的言行来"控制"妈妈。让家庭序位处于一个健康的状态，妈妈像妈妈，孩子像孩子，这是序位。如果乱了，当事人都会产生无力感，妈妈因为"被剥夺"了长者的位置产生无力感，孩子因为不能胜任产生无力感。

孩子的潜能很大，很多时候是土壤不合适她成长，环境拉着她回到小小孩。

一个小小孩就如一株菟丝子，缠绕在妈妈身上，吸收营养，感觉很安全很踏实。这是某个阶段的关系。孩子慢慢长大，妈妈需要给她机会让她展示自己的力量。原来她不是一株菟丝子，原来她就是一棵小树苗，根在地下和妈妈连在一起，整棵树是一个相对独立的个体。也正是这份独立，让她拥有自己的世界，而不仅仅是透过妈妈看见的部分。

找到力量感的孩子会有成就感，这份成就感不仅来自最亲近人的欣赏和鼓励，还来自更加广袤的世界，这样，孩子的世界大了，这个大世界里发生了一点变化（妈妈要组建新家庭了），对她来说虽然有影响但不至于让她绝望，她也有能力去适应并尊重妈妈的人生。

7. 亲子关系中的情绪——理想的我与真实的我

"理想我"与"真实我"发生冲突，情绪是产物。冲突是提醒，是调适，情绪也是。控制它不如顺应它接纳它探究它背后的来意。自然，涉及孩子，会更添焦虑，生怕万一失控伤到孩子。控制情绪就如同生病了吃药一样，有时有效，有时无效，有时吃错药还会更加严重，难免需要吃药，却不是长久之道。而修炼自己内在的和谐就如同提高我们身体的免疫力，让生病来得更少一些病情更轻一些。

娜妈温和内敛，待人友好，不急不躁。但是，娜妈有时对女儿娜娜会不耐烦，会被问得烦不想理会甚至直接爆发，也会在催促孩子练琴或学习时很急躁，内心里有个声音说不可以不应该，但是，脱口而出的话收不回，已经发生的事也没法重来，唯有后悔。

那种脱口而出的话让我们感觉似乎是被一个魔鬼掐着自己喉咙说出来的，我不想如此但确实这么说这么做了。这个魔鬼俗称为情绪，只要有个"替罪羊"，我们就可以稍微放松一点，因为可以怪到

"情绪"这个事物上,不是我不好,是我情绪不好。

情绪到底是一个什么东西?心理学家认为情绪由四个部分组成:

1. 感受,包括消极的和积极的两方面;

2. 相关的生理反应,心跳加快、脸红气喘、身体肌肉紧张、出汗等;

3. 认知,伴随着感受和生理反应产生的思维活动;

4. 行动,比如大声地教训孩子,不搭理孩子,或者采取其他行动来达成自己的愿望。

成年人的心智发展比较成熟,社会经验也提供了大量的体验和练习。成年人从逻辑上讲应该具备更强的调控情绪能力,包括对情绪的认知、情绪表达以及情绪调节,能够将情绪唤醒调节到适宜的强度来达到个人目标。如果是婴幼儿,他们缓解自己的消极情绪的方式往往是拍打自己、咬东西或者离开不愉快的人和事,因为他们缺乏认知能力和情绪调节能力。但是,很多成年人对待情绪的方式却如同幼儿,也正是觉察到这一点,成年人会羞愧、后悔、反省。

情绪从何而来?从内心打架而来。头脑中的理性说对待孩子要耐心,讲话要温和,要控制自己的脾气做好榜样,真实的感性是此刻我不舒服,我不喜欢这样,我要照顾自己的感受,我要表达出来。这个"打架"有输赢,许多时候,我们的理性帮我们"克服"了即将爆发的情绪,把它压到心底去暂时埋起来。而有的时候,头脑会输,幼儿式的反应就爆发出来了。无论谁输谁赢,这个"我"都是难受的。情绪控制住了自己难受,情绪发泄出来周围的人难受,往往承受我们坏情绪的是我们最亲近的人,比如孩子。

即使是令人烦恼的负面情绪也有它的意义,况且,许多的情绪是积极的,会给我们带来美好的感受。

1. 适应功能:适应生存和发展的主要方式。通过情绪了解自身与他人的处境与状况,适应社会的需要,使自身更好地生存发展。婴儿就会根据妈妈对她的态度调整她对妈妈的态度,成长中孩子自然本事见长。亲子之间的关系也是在互相调适中形成的。

2. 动机功能:情绪是动机系统的基本要素,情绪还可以放大我们的生理和心理需求,成为人们行动起来的强大动力。通过情绪的放大,让对方更强烈地感觉到自己的态度和目标。

3. 组织功能:情绪作为脑的检测系统,对其他心理活动具有组织作用,表现为积极情绪的协调作用和消极情绪的破坏作用。从某种程度上讲,消极情绪帮助我们做出更有利于自己的选择。

4. 信号功能:在人际间具有传递功能、沟通思想的作用。通过表情实现(是言语交流的主要补充),适应功能也是通过信号功能起作用的。

内在的和谐是解决之道。

我是否能接纳孩子的弱点?孩子的不足,孩子的麻烦,头脑的理性告诉自己每个孩子有不同特点,每个特点都有两面性,这个弱点同样有另一面积极意义;而我内在的感受也是如此,我不会因为孩子没达成我预设的目标而难过,因为我接纳有缺陷的自己、我尊重孩子是独特的个体……那么,内在趋于和谐,"打架"会少,纠结会少,可能失控爆发的情绪也就因此而减少。

这个和谐说起来多么容易,做起来却难,看别人多么容易,看自己却难,这是妈妈们共同的感受。确实如此,其中很重要的一个原因是我们很难跳出自己来看自己,对自己总是很主观,看他人却容易客观,从小我们普遍受到的教育就是"看看人家的好,比比自己的不好"。

当我们意识到某个困扰并试图寻找到源头时,解决之道便会悄悄开启。

每一次冲突，每一次情绪爆发，都是一次修炼，从发生的频率降低开始，给自己鼓励，认可自己的努力，也信任自己可以让自己更舒适。如果可以，回头看看小时候的自己，从接纳小时候的自己开始一步一步地到成年的自己，如果能这么做，我们将不需要不断地启动小时候委屈的自己来和孩子交流，我们会像一个真正成熟的人那样为人父母。

控制情绪就如同生病了吃药一样，有时有效，有时无效，有时吃错药还会更加严重，难免需要吃药，却不是长久之道。而修炼自己内在的和谐就如同提高我们身体的免疫力，让生病来得更少一些，病情更轻一些。

面对身体生病和情绪需要调整，它们有个共同点，就是提醒我们要好好关爱自己，自己好了，才可能对孩子好、家人好。情绪与健康本身也有极大关系：怒伤肝，喜伤心，思伤脾，忧伤肺，恐伤肾。

8. 读懂自己读懂孩子——亲子相处中的投射

相比西方人,中国人的觉察力较弱。中国人强在思维和说,对于感受自己的状态和身体比较少。当好父母是从了解自己觉察自己完善自己开始的,读懂自己,也容易读懂孩子,提高我们爱的能力。

公交车上,妈妈带着一大一小两个孩子上来投了两块钱,公交司机提醒说大的身高已经到买票阶段了;然后妈妈打算投一块(半票),公交司机提醒公交没有半票概念;接着双方开始争执,妈妈当时可能没有零钱,气呼呼投了一张5元纸币,然后继续跟司机争吵。看司机没反应就一直要求女儿跟司机"表态",说"你就该半票,你怎么不说话"。直到下车,妈妈还一直责怪孩子。孩子低着头一声不吭,看上去很郁闷。

静妈小时候有过类似的经历,去理发,妈妈说我应该付儿童理发价,店员说我身高已经超过他们店的标准,不能按儿童价。那时候我应该超过6岁,记得很清楚。妈妈也一直要求我表态,支持她,我没说话,妈妈转而责怪我。现在想来依然非常难受。

静妈在意识上能理解妈妈,当时经济条件不太好,妈妈斤斤计较也是生活所迫,但在潜意识中很难消除这件事给自己带来的羞愧和自责,如果不被同类故事激发,也许压在心里也不会去理会它(其实,它对一个人的影响一直在,只是会通过其他的载体表现出来)。

公交车上的妈妈因为没有零钱,又不愿意多付,才引出这样的尴尬来。妈妈对孩子的责怪更多的不是因为付了冤枉钱,而是在公交车司机那里没有得到理想的回应,司机没有理她让她有强烈的挫败感。

这两件"纠纷"中,孩子本来不是争吵的当事人。但非常雷同的是,两位妈妈都在争吵中落了下风,感受到挫败,并转而责怪孩子。

没有人喜欢品尝挫败感,当时情境中的两位妈妈自然是非常不舒服,让自己感觉舒服起来也是一种本能。于是,她们将这样的感觉"转送"给了孩子。心理学上对这样的现象称为投射——把我不想要的部分,放到另外的客体(个体)身上。母亲和孩子之间的关系很紧密,孩子非常容易接受这样的投射——孩子感觉到挫败感,感受到羞愧,进而发展出自责。孩子的"替罪"会让妈妈在心理上有所舒缓,哪怕事后妈妈会觉得这事真不该怪孩子,也有的妈妈会视作理所当然,并一再上演。

父母对孩子的投射在日常生活中很常见,比如一位爸爸某天在单位里工作不顺,被领导批评了,心里觉得委屈和无助。下班后到家发现孩子在看电视,若没有很强的觉察力,这位爸爸很容易做的事就是:指责孩子。教训孩子只知道看电视,不好好学习,也不帮忙妈妈做家务,等等。如果孩子日常规律中这个时间是完成功课看一会电视放松一下,并且之前没有受到家长非难的,那么,孩子会满腹委屈,并在爸爸强势责骂下感觉很无助很无力。这时候,爸爸已经成功地将自己的委屈和无力感投射给了孩子。有时,这还不够,

那么可能在饭桌上继续投射,比如批评全职太太的饭菜不好吃,家里太乱,等等。有时投射会成功,妈妈感觉委屈无助;有时投射没有被接受,并且妈妈开始对爸爸投射,谁的心里没有装着点不愉快呢?那么接下来家庭就像个小战场了。

投射是一种心理防御机制,形成于两三岁,所以,孩子也会用这个心理防御机制。

一个学生不喜欢某位老师,那么他对这位老师所任教的学科也常常学不好。学生在和这位老师之间的关系中感觉到挫败,这种挫败感他不想要,就会启动投射心理防御机制,他就会不好好学习这门功课。老师的成就感来自学生的好成绩好表现,如果这位老师因为这个学生"怎么也学不会自己教的功课"也产生挫败感,那么,投射成功。这样的投射伤人伤己,自然是不足取的。一个懂得孩子心理机制的家长会引导孩子打破这个循环。潜意识的反应放到意识层面交流,是有解甲之功效,降低伤杀力也会让孩子没什么兴趣往这个方向去"戏耍"别人。

一位五年级男生,在学习主动性和上课纪律方面让妈妈头疼,有时早上催促他起床或者做功课,男孩就会用言语"攻击"妈妈。比如:你在家里都不干家务活!你每天不是十点才去上班的吗?!孩子说的是事实,因为家里经济条件比较好,加上妈妈事业做得比较大,忙于工作,家务活是请了阿姨打理的,哪怕是十点才上班,也是因为自己会用人,做事效率高嘛!妈妈一边解释一边委屈。基本上,孩子的投射也成功了。感受到妈妈不满的孩子是沮丧的,他通过表达对妈妈不满让妈妈也感受到了这份沮丧。

如果妈妈了解投射的心理逻辑,她可以不接受,而是去读懂孩子的感受:你看上去不满意自己目前的生活,因为规则太多有些沮丧,是吗?

这样地回应不太会引发"战争",是交流,是彼此靠近。

客观地去看这些例子,当事人都不愿意发生这样的"感受流转",因为我们最容易发生的投射是身边的人、亲近的人、关系紧密的人,尤其是孩子。提高自己的觉察力,觉察外部的客观存在,觉察自己内在的感受,觉察对觉察到的内容解释以及生发的情绪,在投射机制启动的初期就去显化它,把它拉到意识层面去觉察。相比西方人,中国人的觉察力较弱。中国人强在思维和说,对于感受自己的状态和身体比较少。当好父母是从了解自己觉察自己完善自己开始的,读懂自己,也容易读懂孩子,提高我们爱的能力。

9. 老大的烦恼

个体心理学的创始人、人本主义心理学的先驱阿德勒对此有很透彻的分析。他认为孩子在家庭中的排行会造成孩子很大的差异,因为每个孩子都在他的生活方式中,表现出适应自己特殊情境的倾向,渐渐地就形成了他的风格和特点。

滔滔四年级时家里添了一个妹妹,滔妈也开启了纠结的二孩生活。有一次滔妈买菜回家在楼道就听见女儿的哭声,到家发现哥哥站在妹妹的小床边,敷衍着说妹妹醒了。这件事引起妈妈的警觉,发现哥哥确实有意无意地会"欺负"妹妹,比如妹妹经过的时候哥哥会伸出脚去绊倒妹妹,言词之中也没有呵护照顾之意,反而是一脸嫌弃。

其实在孕期,妈妈和哥哥有过交流,哥哥也表示欢迎,母子相处得很愉快。事情的转折点是产前一个月,因为有些状况妈妈住院待产,奶奶来家里照顾滔滔,偶尔姑姑也会来帮忙。滔滔不适应奶奶的饭菜和生活习惯,姑姑会和滔滔玩笑:有了妹妹,妈妈更加喜欢妹妹,不理你了。

妹妹出生后,妈妈也陷入手忙脚乱中,又觉得老大已经够大,又有奶奶照顾,也就比较疏于交流。直到感觉到不对劲,因为哥哥对妹妹的表现。妈妈和爸爸交流了自己看到的和感受到的,希望爸爸能"管管"。这一管,雪上加霜,哥哥对妹妹更加仇视,虽然不敢当着爸爸妈妈的面欺负妹妹,但是更加不愿意对妹妹好了。妈妈非常苦恼,既不想兄妹不亲近和睦,也不想老大被爸爸教训,因为爸爸使用的方式简单粗暴:打。

妈妈感叹:在别人眼里,我们一家四口,有儿有女非常幸福,其实,只有自己知道。

这个案例比较强烈地凸显了老大和老二的冲突,父母对于二孩的教育也比较简单直接。一个小团体增加一个人,增加的关系不止一条,新增加的人和每个人都会增加一层关系,这个关系的网络会变得复杂许多。家庭相比普通的团体,关系复杂程度更深,因为情感粘连度更强。老二的出生确实会带给家庭许多的功课。

妈妈下午茶活动中也有许多类似的家有二孩的烦恼,都有一个很鲜明的特点:在妈妈的感受里,老二的出生让老大的表现发生很大的变化;其次,基本都是老二各种乖巧懂事老大各种纠结叛逆。似乎,错的都是老大。一个人的自然心理是"趋利避害""亲善远恶",如果和老大的交流经常碰壁冲突,和老二的相处却是各种和平舒适,爸爸妈妈自然越发地亲近老二,和老大保持距离。而这些行为,都有心理学上的意义,可怜的老大,通过父母的言行再次自我打击:原来,爸爸妈妈真的爱妹妹(弟弟)胜过我!

这个心理逻辑是怎么来的呢?先有怀疑才有验证。当老大知晓家里会多一个小孩这个信息开始,他的怀疑就已经开始:是不是我不够好,爸爸妈妈还想再生一个小孩?

个体心理学的创始人、人本主义心理学的先驱阿德勒对此有很透彻的分析。他认为孩子在家庭中的排行会造成孩子很大的差异,因为每个孩子都在他的生活方式中,表现出适应自己特殊情境的倾向,渐渐地就形成了他的风格和特点。

阿德勒说的特殊情境指的是因为孩子在家庭排序不同而产生的境遇。

比如,老大(长子)在有老二之前,是独生子,作为家庭中唯一的小孩,是备受宠爱唯我独尊的,当老二出生,他必然需要自己适应另一个新的环境。这个环境里他不是唯一的小孩,他不能独得家长宠爱。他曾经感受到的大量的关怀和宠爱以及作为家庭中心的感觉,如果在毫无防备、措手不及的情况下骤然失去,这个改变对他会产生重大影响。

对于滔滔来说,因为妹妹的出生,在和妈妈的关系里受到忽视和冷落,因此不接纳妹妹;又因为不接纳妹妹受到爸爸的责打,他如何能心平气和地接受这样的情境!愤恨不平很自然会发生,指向也会比较明确——最弱的妹妹。

老大内心出发点是想要夺回妈妈的爱,想要重新赢回关注,但却表现出一些妈妈不能理解和容忍的言行,老大反而失去妈妈的爱。他最初的怀疑也一再得到印证,爸爸妈妈的表现"支持"了他的想法。老大陷入这个逻辑,越挣扎越痛苦。

对于像滔滔这么大的孩子来说,当他对妈妈的爱失去信心,开始"背离"妈妈的时候,通常会转向爸爸,对爸爸感兴趣,想要赢得他的情感和注意。这个转向会帮助他建立和爸爸全新的关系,爸爸往往会给孩子一个"重获荣宠"的机会。我们都知道爸爸对新生儿的感情不如妈妈来得基础深厚,他更加感兴趣的是能够互动的孩子,也更加擅长与比较大一点的孩子相处。因为老二出生,会促成爸爸和老大"结盟"成为好朋友。

在鼓励二胎的政策下，二孩家庭也会越来越多，老大老二的纠结都难以避免。多了解老大老二的心理会有助于改善父母和孩子的关系。到底有什么原则可以指导父母呢？以下三点来自阿德勒的排位理论：

1. 让老大有信心父母依然很爱他，让他知道自己的地位稳如泰山；和身边的亲朋好友交代原则性问题不可开玩笑，以免让老大误会。

2. 和他一起准备迎接新生儿的到来，预先讨论有了妹妹之后生活的变化。

3. 教他学习怎么帮妈妈照顾妹妹，让他产生当哥哥的自豪感。

在养育过程中，特别要注意的是平等对待两个孩子，不要偏爱。每次听妈妈们讲述两个孩子的故事，都很容易感觉到妈妈的"偏爱"，妈妈会辩解说：确实是老二乖巧啊，让我如何不爱她？确实，这需要一些经验和技巧，在经历中不断地学习才会有所收获。很多成年人有自卑情结，就因为在小时候，感觉自己被忽视、爸爸妈妈偏爱另一个孩子。也有些时候，父母觉得自己很公平，即便如此，也需要观察和询问孩子，是否存在父母偏心的疑虑。

10. 做孩子的人生教练

> 孩子在成长过程中会遇到一些"自然挫折",我们没法预设也很难预设,不如借机行事,化坏事为好事。每件事情的发生都不是偶然的,都有个酝酿的过程,再呈现出来,这个呈现出来的"自然现象"本身蕴含着许多可以挖掘的能量。从养育者到教练,父母与孩子相伴相长、互相成就。

小陆,数学成绩佳,在这个科目上非常自信。平时表现出来就相对不上心,觉得以自己的天赋和基础,考个好成绩不成问题。妈妈作为过来人,知道数学有一些跨越,思维有差异。学习方法,刻苦钻研都需要跟上才能保持住好成绩,况且,优秀的孩子很多,都很努力。但这些已经不容易入孩子的耳,六年级的孩子,不大要听建议。但是,很关键的一次期末考试,数学成绩远低于预期,小陆哭得稀里哗啦。妈妈对这个结果并不惊讶,好马也有失蹄的时候,况且,孩子的自负确实会带来这样的结果。

此刻,如果告诉孩子成绩不重要就不妥,除了"虚伪"之外,这相当于以另一种方式告诉孩子:你没有必要哭,没有必要伤心,没有必要放在心上。这样做会助推孩子产生"逃避心理"。记得初中有一位老师,耳提面命一句话:如果你不在乎,那就完了!他最反感听到同学们说"随便它"。每次都会看他反应很激烈地说:如果你不在乎,那就完了!我个人感觉非常受教(无意识教育的好例子)。

但是又不好在此刻强调成绩的重要性,给他雪上加霜,倍添压力。孩子的哭诉已经在表达"我在乎,成绩对我来说很重要"。只是他还忙着哭结果,没有腾出心思来搜索结果的来源。

当下的感受体验越完整越深刻,他为此努力改变的心也就越容易发动起来,当土壤松动的时候,外在的雨露营养就容易滋养入内。接纳他当下的情绪,"是的,真令人难过""好的,哭一下可能会好一点""事情有多么'糟糕'呢?慢慢地和妈妈讲讲"……此刻,倾听、温和的询问比较容易拉近母子两人之间的距离,为下一步工作打好基础。

并非天赋和基础就能让人一直保持成绩优秀,还需要不断地练习,不断地寻找数学的逻辑,适应高年级的知识深度等等,妈妈其实一直希望让孩子明白这些。现在,机会来了,我们一直说知道是没有用的,送给别人礼物人家不收是送不出去的,这些道理也是如此。

这次期末考砸确实是一次机会,小陆有很强烈的感受,他需要平衡自己内心的失落,他想要扭转这个局面。妈妈可以发挥自己的长处,与他一起为坏成绩归因,分享自己的经历和感悟。

父母在孩子成长的过程里,角色也在发生着变化,从一个养育者到一个"教练",父母之于孩子,是有多重角色的。顺应孩子的成长需要,不断地将自己的经历和智慧传承给孩子,在孩子这个个体上开出自己的果子。

教练的第一步是接纳孩子的情绪,接纳与接受的不同在于:接受对应事实行为,接纳对应情绪与正面动机。或许我们不能接受一

些行为,但我们要努力做到接纳对方的情绪和正面动机(任何行为都有正面动机)。

教练的第二步是调整焦点。成绩不佳已经是事实,关注在这点上会持续地伤心恼火,那么,我们将焦点调到下一步,成绩不佳之后有什么办法可以弥补?导致这个结果的原因能否找到?有些什么是可以马上去做的?将这些回答罗列出来,看看是不是有一些有价值的内容,作为备选的选项。

教练的第三步是做一个信息提供者。父母的经历和经验以及所处的位置会让他们拥有更多的信息资源,将这些资源匹配到孩子的选择项里。

教练的第四步是做选择。根据前一步的选项,选择可执行的、效能相对好的。家长给孩子的帮助是让他知道还有一些可以做的,帮他厘清思路,至于选择,交给孩子自己。我们会为自己的选择负责,不会为别人的选择负责,孩子也是一样。

教练的第五步是行动和承诺。这是涉及计划、实施、阶段性成果、自我奖励等的实务性步骤,父母作为鼓励者、支持者,也作为监管者,需要明确:做到了会如何,做不到又会如何;并且信任孩子,信任能够赋予孩子行动的力量。

孩子在成长过程中会遇到一些"自然挫折",我们没法预设也很难预设,不如借机行事,化坏事为好事。每件事情的发生都不是偶然的,都有个酝酿的过程,再呈现出来,这个呈现出来的"自然现象"本身蕴含着许多可以挖掘的能量。从养育者到教练,父母与孩子相伴相长、互相成就。

第三章

成长中的重要驿站——学校

1. 从他律到自律——可以借力的学校教育

学校生活为培养孩子自律和整理水平提供了一个很好的借力机会。学校是一个有许多规则的地方，群体生活必须有规则和纪律来约束。同级或不同级的伙伴之间自律发展水平各有差异，互相参照激励也容易让孩子建立起相关概念，而老师的要求更是帮助孩子向前迈进了一大步。

儿子童童的自律性很差。一般都是我在约束他，你不能这样，你不能那样，他还算听我的话，比如电视看15分钟，提醒他就会关掉。他现在最大的毛病是很会落东西，每次放学回家，都会落一两本书在学校里，该带回家的没带，从开学到现在发生了很多次。老师形容他的桌子是百货商店，人家是要什么拿什么，他是全都拿出来摊在那里找。从小外公外婆带大的，家里的东西他哪里扔就有人在哪里捡，上学了，没人帮忙了。老师说如果按照这种情形发展下去，会影响他的逻辑性、条理性，这一下子就把我打击坏了。我还担心老师对待他的态度会让他变得没有信心。

就如我们提倡多运动强身健体，并非服用了外在的滋补药品，而是激活身体本身的能量，提高免疫能力。妈妈下午茶活动会让参与者有所发现，发现自我的潜在能力，也发现亲子教育中可为之事。当我们的着眼点不同，对孩子也会有新发现。我们还能借着别人来看到自己，孩子是一面镜子，可以照出我们自己，我们的行为模式和教养模式。

孩子在妈妈提醒后关掉电视，这个可以解读为他是个遵守约定的孩子。从这件事情里，妈妈可以拎出他一个优点，叫遵守约定，但这个律还算是他律。因为是妈妈要求15分钟，有一个外在的东西在约束他，譬如闹钟过15分钟响了或是妈妈提醒他了，他才紧跟着行动。但这个他律是自律的基础，在他学习和外部规则合作的过程中他会产生规则感，并且，还会因此为自己获得益处，比如及时关掉电视能保护眼睛、得到家长的赞扬、有时间做其他的事情。这些益处有的孩子自然了解，有的则需要家长教导。

自律和他律最大的相同点是指向相同，都是律己，最大的不同是规则发源地不同。从他律到自律这个过程，需要父母渐渐地将自己的角色弱化，转而去强化规则本身的内容、规则的意义以及孩子遵守规则获得的益处。这样，他律的"他"渐渐地转化成自律的"自"。教育引导是实现从他律到自律转化的一股力量，它来自父母和师长，还有一股力量来自孩子自身成长的动力，每一个个体都有想要更加自由自主的欲望。自律是一种通往自由自主的能力，孩子自律能力增强的时候也是他获得更多自主权的时候。这一点若能把握好，亲子教育会有事半功倍的效能。

家长需要了解，小学低段，他律依然唱主角，发展目标是发展自律能力。童童是一年级小学生，他需要时间学会如何去做一件事，提升自己的能力达成某个目标。这个能力包括完成一件事情的能力和抵制其他诱惑的能力。在自律形成过程中，需要一些外在的规则约束他，也需要一些外在的肯定鼓励他，两者齐头并进对他发展最有利。

学校生活为培养孩子自律和整理水平提供了一个很好的借力机会。学校是一个有许多规则的地方，群体生活必须有规则和纪律来约束。同级或不同级的伙伴之间自律发展水平各有差异，互相参照激励也容易让孩子建立起相关概念，而老师的要求更是帮助孩子向前迈进了一大步。老师的"预言"未必成真，但是，将它当作一个提醒确实非常有必要。老师因为接触孩子多并且往往有带不同级学生的经验，老师的推断和预判会有一定的道理。

老师将他观察到的现象反馈给家长或者孩子，只是职责，方式方法也许让家长感觉到冲击和压力。但针对某个行为而言，似乎也无可厚非。我们父母对老师的言词解读重点放在行为本身上而非孩子特质上，这样做，老师的评价对孩子是促进而非打击。老师侧重讲事实，家长侧重协助改进并让孩子感觉到希望——下个学期我努力不让老师点我的名！

童童的东西特别乱，要在相同的时间里找到那本书，他得有相当好的记性才行。妈妈是否对此好奇？当我们看见（或者是在老师提醒下发现）孩子的一个问题，父母的第一反应不是好奇孩子如何应对而是马上跳转到如何为孩子寻求一个解决方案。细细思量会发现，我们以为在帮助孩子解决问题，实际上只是希望孩子遵从我们已经经历过并认为绝对好的模式。父母应尝试着跳出自己的模式，以孩子年龄特点来考量老师提醒的这个方面是怎么形成的。有的人做事特别严谨，性格显得刻板，也有的人思维活跃，但是物品摆放整齐有序，个性和表现虽有千丝万缕的关系，但整理和摆放习惯是后天习得的，大家都在同一条起跑线上，只不过在场内跑的是孩子自己，父母不过是边上支招和喊加油的人，孩子作为主体，行动比技巧策略更加重要。

我们的孩子到学校是去学习和增加经历，比如整理，在家里没有机会给到他，外公外婆都会帮他整理，自然，孩子也不容易体验到被点名批评的感受。除了经历本身，还有"后处理"——孩子对这个经历的解读和看法。父母也许没法给孩子这么多经历（群体生活、许多的规则），但父母可以帮他补全对一件事情的看法，这才是影响孩子心理发展以及人格建构的重点。当学校经历和家庭引导两部分完整地结合起来，孩子的心理自然会比较健康。

与之相左的是两个极端：一是反感学校的规则，害怕规则给孩子带来压力，不信任孩子的应对能力，带着孩子逃离学校的体制教育；二是将孩子完全交给学校教育，完全依赖学校老师对孩子的教育，太多孩子难以独立"消化"的经历也会阻碍孩子的心理发展。

2. 配合孩子完成"学校任务"——悲喜交加

> 发现所谓的"重生"也是"新生":我们需要面对许多的挑战,这是一个新阶段的课题,也会"颓然"发现陪伴孩子的路还很长呢。

微信上有一篇文章讲,一位家长受困于孩子上学后比较多的课外手工作业和班级项目,因为这些都需要家长一起参与完成。有时是因为比较忙没时间,有时是感觉没有这方面的能力,家长感觉到压力很大。这件事也引发了"妈妈下午茶"的家长们的许多共鸣,吐槽声音不小:

Nicole:真是感同身受,我们幼儿园也是这样的,我真不知道该为能领回来作业而感到高兴还是悲哀。

COCO:我为了孩子专门买了一个照片打印机,感觉买得好值,经常有照片要打印出来。有时候要做个相框,我和孩子一起做,虽然做得不是很精美,过程也挺让人开心的。

一爸:听说有的老师会因为孩子完成得欠好而给孩子"穿小鞋",这肯定有问题。

水妈：我家老大班主任干脆直接联系我，让我帮忙出黑板报！已经第二次了！

新妈：我有次熬夜给女儿做第二天的PPT，第二天女儿回来埋怨我做得不漂亮，没有另外一个妈妈做得漂亮（后来了解那个妈妈是PPT高手，是个老师）。把我郁闷得不行，这哪是孩子间的PPT技能比赛，根本是大人间的PK嘛。唉，真是心塞，每次女儿的作业带回家我都很纠结，到底帮不帮。不帮，老师就认为家长不支持，不上心；帮，又觉得违背了教育的本质。现在女儿也理所当然地认为，作业就要妈妈帮忙，因为别人小朋友也是这样的，无形中又给绑架了。

水妈：我们有次周末作业之一是出两份手抄报，主题是红领巾建队、社会主义核心价值观，这些活孩子会乐意去做吗？

涛妈：涉及国家意识形态导向的教育最考验人。

若水：我想让她先别做这个作业，可是做不到无视，这是现行教育的悲哀。

糖妈：最近学校里面是不是对于社会主义核心价值观的教育很火啊，我女儿又是被要求做这类型的手抄报，又是被要求写这类型有关的作文，真是苦了做妈的。

宝妈：淘宝上找个卖家做作业，只有想不到没有做不到的。

伊妈：我现在每周给我女儿做手工就很崩溃，手很拙，感觉后面三年生活会很让人头疼。

....

还有一些其他的貌似和这类事情不相干的声音：

我家孩子都不告诉我学校发生的事情；

不知道小朋友在幼儿园/学校过得开不开心，表现得怎么样；

在家里大家都挺忙的，好像都不知道怎么和孩子互动；

小孩子挺孤单的,也难怪有时会无聊地要玩游戏看电视了;

唉,现在孩子大了,都搞不清楚他心里想些什么了;

……

带孩子的辛苦,每个经历过的家长都有强烈的感受,终于三岁了,可以上幼儿园了;终于六岁了,可以上小学了。内心很自然有满满的"重新生活"的期待,期待有许多自由的时间,期待孩子在老师的教导下健康快乐地成长,期待懒散的黏人的自理能力欠缺的孩子在集体的熏陶下焕然一新……

然后,发现所谓的"重生"也是"新生":我们需要面对许多的挑战,这是一个新阶段的课题,也会"颓然"发现陪伴孩子的路还很长呢。

妈妈们对于学校作业的吐槽其实只是挑战之一,只是这件事似乎吐槽起来更加"底气足"更加"在理"一些。一直缺乏边界意识的我们突然之间特别希望分清楚这是"学校的事"还是"家长的事"。其实,只要是孩子的事,我们哪能分得清呢?除非,我们的孩子足以担纲得起他们自己的事,那时,才是真的"解放"真的"重生"。

以上内容,我们将它视作"自我觉察"的部分,觉察后开始整理思路:

1. 幼儿园和小学低段的孩子,自身能力还在发展中,非常需要家长的帮助和支持。

2. 我们大部分的学校和幼儿园,班级编制的孩子都比较多,每个班都有数十位,老师有心无力,老师也需要家长的支持和帮助。

3. 家庭教育和学校教育不是一个代替另一个,反之,是协同也是互促,是合作的关系。

4. 这是了解学校、了解孩子在学校的学习生活状态的好机会,很自然地交流、互动、跟进,否则,每天问"开心吗"或者"今天考试得几分""有被批评吗"……孩子会厌烦,我们自己也会觉得枯燥。

5. 无论是手工,还是高大上的PPT、黑板报,或者是社会主义核心价值观的主题征文,都是了解孩子的一个契机。教育不仅仅是教会几种技能,也是价值观的输入,父母的三观对孩子的影响是潜移默化的。如果对官方的教育有微词,那么,机会来了,用自己的方式和孩子做一些交流,孩子的思想并不见得如我们所以为的那般"天真""无知",他们已经会思考、会质疑。

6. 借着"为孩子"也锻炼下"为自己"的本事,甚至是开发出自己的潜能来,科技和信息的发展都以我们惊讶的方式快速前进。有时,我们自身并没有动力学习(工作稳定,生活安逸),也许,孩子会给我们带来一些动力,并给自己一些惊喜呢。

7. 当我们吐槽任务本身的时候,我们也顺带看下自己的孩子,他是不是一个爱揽事的孩子?我们需要让孩子知道哪些是爸爸妈妈擅长的,哪些是为难的,哪些是乐意的,哪些是不乐意的。这样的沟通本身就很有意义。在孩子的心目中,我们曾经是"很伟大"的人,很能干的人,他们并不知道我们也并非全能,需要明确告诉孩子,否则,他们怎么会知道呢?

8. 记住,我们还有一组选项:拒绝或者求助。遇到不擅长的,求助别人;实在不行的,直接拒绝,相信老师能扛得住偶尔被拒绝,只要表达诚恳。另外,特别要提醒的是:当我们想要拒绝的时候是不是抱着一颗不敢的心?害怕自己的孩子会被"穿小鞋"?只要我们这么想,确实容易发生,这是心理学的"魔鬼定律"——怕什么来什么。

9. 最后也是最重要的,我们不断成长的孩子会让我们充满希望,在他们需要我们的时候帮一把,迟早他们会甩开我们自己搞定的!

10. 支持大家有槽就吐,吐吐更健康,一起吐槽也能吐出智慧来的,前提是文明地、带着思考地吐槽。

3. 我再也不想当班长了——能力与努力

几乎每个孩子都有对于成就的需要,这种需要会驱使他们努力学习或做事、争取出众的表现并在达成目标时感到自豪。但是心理学家认为这种需要是一种习得的动机,也就是说,它是后天教育和培养出来的。

祺祺是班长,六年级,春游活动,需要提前收取同学们的费用,同学们没有准备零钱,有的给得多有的给得少,祺祺和另一位班干部记账、找钱,忙了一个下午,还是没理清楚,总金额没问题,但细节没记清楚。结果被老师狠狠批评了一顿。祺祺回家后和妈妈诉苦,辛辛苦苦,居然被批,这个班长再也不要当了。妈妈心疼女儿又不想孩子采用消极的应对方式。

小凯三年级,放学后经常被老师"开小灶"背课文,妈妈也很苦恼孩子家庭作业需要很多次催促才开始做。

恬恬是一个表现优秀的女孩,四年级,妈妈鼓励她参与学校少先队大队委员竞选,然而她却说:算了,肯定选不上的。

三个孩子,有着各自不同的经历和故事,放在一起的原因是他

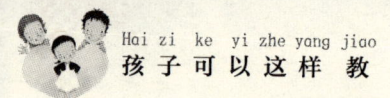

们都面临着同一个课题——成就动机。因为被老师批评不想当班长，因为学习成绩不够好就不想做作业，因为感觉胜出不容易就不参加竞选，他们，都选择了一种退缩的方式来应对所面临的事件、情境、机会。

祺祺经历的事情看上去充满负能量，老师、孩子、妈妈都不高兴。辞去班长职务也是一时气急下的决定，不能当真，否则，这个负能量将倍增。"引咎和能力不够辞职"和高风亮节给予他人机会的"辞职"性质完全不同，若真的这么做了，等于默认自己能力不够，一般得不到家长的支持，虽然祺妈说自己倒是能放下。这件事的主角不是妈妈，是孩子，如何面对"冤屈"，如何面对冲突，她需要有人帮助她建立新的思维模式，对她授之以渔。

小凯面对的是学习的压力，我们看到他面对学习的状态是消极和被动的，与老师和家长的合作程度也比较低。

恬恬的反应比较隐性，容易被忽视，但依然透露出一些信息：低估自己的能力，成就动机不强。

当我们讨论的对象是孩子的时候，成就动机并不会对应未来的具体成就，而是一种心智反应模式，是孩子自我建设中很重要的板块。也许中老年人要学习的是如何放得下，而孩子要学习的是如何拿得起。世界各地的人都推崇自立尽责、乐享工作、努力达成目标这些个人特质。父母们也鼓励孩子自力更生勇于竞争。虽然东西方文化有一些差异，西方文化倾向于个人主义，东方文化偏重集体主义，即推崇对集体做出贡献，促进群体增加福利。

几乎每个孩子都有对成就的需要，这种需要会驱使他们努力学习或做事、争取出众的表现并在达成目标时感到自豪。但是心理学家认为这种需要是一种习得的动机，也就是说，它是后天教育和培养出来的。

孩子表现出来的对成就的需要来自两方面，一个是他对这件事的重视程度（当班长、取得好成绩、参加竞选）；第二个是他对做好这件事获得赏识的渴望程度（老师认同班长的工作、获得老师家长的表扬、赢得竞选）。

对于大部分孩子来说，赢得重要他人，如父母、老师、同伴的认可这些外在的需要高于为自己带来自豪感的内在需要。这个特点可以用来解释开篇三个案例所表现的现象。既然对成就的需要具备习得性，那么，在孩子成长过程中，父母和家长可以有意识地将孩子的外在需要转化成内在需要。心理学家苏珊·哈特曾做过研究，发现内在动机倾向的孩子更有可能喜欢有挑战性的问题，而不是简单的问题，并认为自己能高度胜任学校作业。内在动机驱动的成年人会更加享受他们达成目标的过程，而不觉得辛苦。

其实，大约7岁之前，孩子是不现实的乐观主义者，认为自己有能力在任何事情上取得成功，这个年龄可以对应进入学校接受教育的年龄。8—12岁，孩子开始区分"努力"和"能力"，主要原因是他们心智和认知的发展令他们能对物体、事件、结果做多维度的分类和辨析。学校教育的评定倾向于强调对能力的评价而不是努力，分数反映的是学生学习的质量，而不是他们付出努力的多少。很自然地，学生会渐渐地将自己归于不同的能力群体。

暂且将孩子分成两类，一类喜欢将成功归因于自己能力强（稳定的，内在的），失败归因于努力不够或其他外在客观的因素；另一类喜欢将成功归因于这次比较努力和运气好（不稳定的，外在的），却常常将失败归因于能力不足。对于前者，也并不适合直接做个人特质的表扬（如"你真聪明！"），而是更合适用过程表扬；后者对未来成功预期比较低，也容易自我放弃。有个"四年级现象"（部分学生进入四年级后成绩下滑得厉害）也可以部分地用该理论来解释：

一部分学生形成比较消极的学业自我概念,不那么看重学习成绩(觉得自己能力不够),成就动机低落,反复发生,形成习得性无助。

如此说来,对于家有年幼孩童的家长可以预防孩子习得性无助,在孩子获得成功时表扬他努力的同时也肯定他的能力,在孩子失败时不要责备他能力不足。

如果孩子已经有习得性无助的倾向,根据以上的形成逻辑,家长和老师需要与孩子做"归因再训练",帮助他们看到自己的努力能够匹配上目标,进而学习更好地面对失败,形成更具建设性的失败反应模式(代替逃避和放弃)。

小凯和恬恬,在不同的事情上有类似的反应,以上分析更多的是帮助父母了解孩子形成当下反应的原因,从而反思亲子互动方式。家庭教育不会因为孩子进入学校就失去作用,孩子依然非常需要父母的理解和引导。肯定孩子的能力,强调他们的努力,激发孩子的成就动机,陪伴他们建设新的归因方式。

祺祺的"冤屈",在老师那里没能充分表达,回家在妈妈面前倾诉,这也是一种不错的方式。很多时候,孩子只需要吐吐槽就好。如果孩子还有进一步的诉求,妈妈再顺势谈谈自己的想法,重点不是指导孩子具体怎么做,而是分享一些自己的感受和看法:

1. 当时,老师的情绪不佳,对老师的情绪状态能接受能理解,耐心听老师讲,这是对老师的尊重,也可以更全面地了解老师的看法。

2. 思考为什么老师会生气?是老师想要的结果没达成,生气的不是我,是结果。并且,老师的负面情绪来自于高期待没有实现而导致的失落,在老师的眼里,我本可以做得更好。

3. 以上两点对于一个孩子来说并不容易,不过这个经历会帮助我们成长。若能如此,老师和孩子之间的气氛会比较和睦,如果学生对老师不敢顶嘴,但是表情举止都会自然表现出不爽的样子,只会让老师更加火大。老师的情绪被接纳,他也会放松。

  4. 尝试着表达自己为这件事情做了多少努力,花了多少时间,很用心地去做。

  5. 最后再提个解决方案:下次让同学们带零钱过来,增加一名助手,等等。

4. 老师有请

> 我们需要学校减轻父母的负担,适龄孩子会送到学校接收教育,继续父母未完成的工作。但是,家庭教育依然以新的形态继续,其中,很重要的一点就是如何与老师合作共同教育孩子。老师和家长的合作不但有益于孩子学业上的发展,同时,也为孩子合作能力的发展提供了榜样。

老师觉得这阵子右右作业完成得不好,让孩子打电话给家长,希望和家长交流。右妈接到这样的电话是忐忑不安的,老师请家长一般都不是什么好事,加上对自己孩子的了解也加深了妈妈的不安。

老师和家长,因为有共同关注的对象而有了交集,两者的关系如果有更多的合作为基础,对孩子是最有利的。

妈妈在约见老师前可以先询问孩子:你知道老师找我是要说什么事吗?

如果孩子说:我作业做得不好。

紧接着妈妈的不同回应会将亲子交流结果分成两类。

许多妈妈会用"为什么"来回应：为什么作业做得不好？那么孩子的回答会倾向于辩解、找理由、无奈无能等消极的方式。比如他会说我不会做，我忘了做，我不知道为什么……

如果换一种方式如问孩子"作业做得怎么不好能和妈妈描述一下吗？"来回应，如果妈妈表达的是有兴趣知道"不好"的内容，而不是对于作业不好这件事的评判，孩子收到的信号是安全的，他可以放松地继续和妈妈交流。而紧张和内疚容易令孩子思维卡壳，妈妈未能了解到真实情况，干涉和参与辅导都无从谈起，孩子的改进更是无从谈起。

"怎么不好"开启了具体化的思路，鼓励孩子具体地描述他面对的困难，说明他令老师焦急要请家长的具体背景是什么事件。具体化的交流之后，妈妈才能了解这件事的本质，也许是孩子学习习惯欠佳没有及时复习预习，也许是学习状态出问题了游戏时间占了太多，也许是功课难度增加有点跟不上……陪着他一起面对，听听他的看法和计划。

用一些具体化的问话去了解事情，这是谈话内容方面需要特别注意的，还有更重要的是交流过程中的语气和情绪，关心与温和而非责备与焦虑。

和孩子交流之后，妈妈对孩子的情况以及老师有请的目的已经心中有数，以此为基础，后续与老师的交流也会变得顺畅，孩子也会容易受益和改进。

其实，在老师约谈家长之前，一般已经对孩子的"不佳表现"做了一些提醒和批评，发现改进不够，才会不得已找家长。小学老师一般都有较强的责任心，也希望孩子们全面跟上，不要有学生掉队，但因为一个班级有数十位孩子，工作量较大，老师自身也容易焦虑，请家长是希望家长多一些配合，因此请家长也就变得很常见了。

家长需要体谅到老师这一些现实境况，尽量郑重对待老师提出的"问题"。如果家长表现得不太在乎，老师会倾向于严重化描述以便让家长重视；如果家长表示出很在乎、很重视老师反映的情况，老师反而容易为孩子开脱一点责任，和家长说明一些客观的因素，也会用同龄孩子具有共性的表现来缓解家长的紧张心情。

老师反映的信息可能有很多项，我们先选择着急的并且也是容易很快看得见效果的事情，陪着孩子改进。比如：每天的作业日记和签名。具体的可以罗列一个清单贴在墙上提醒自己和孩子。这样做容易让孩子获得积极的动力，容易让老师感受到家长的支持。而实际上，一切学习都是日积月累，从习惯和细节入手，是一个不错的开端。

特别需要重视的是我们观察到的孩子的反应：无所谓，不积极回应，或者是按照我们想要的回应但缺乏行动。做不到一件事就告诉自己这个不重要无所谓，逃避去做以免失败令自己难受。——这不是一个积极的人格，我们需要关注到这一点。

要构建孩子积极的人格框架，父母可以尝试三点：

1. 容许孩子发表和我们不一样的想法并给予支持；

2. 具体化自己的要求，也要求孩子有具体的行动计划而不是表面的单纯语言上的顺从；

3. 当有良好表现时及时肯定和强化，将它夯进人格结构中。孩子成长中最大的困扰，并非他遇见的各种挫折，而是他对这些挫折的看法。他会依照他对自己能力的判断来限制自己的发展，而这些判断大部分来自父母与老师。

5. 我的孩子在学校被欺负了

孩子在学龄前和学龄后有许多的不同，环境不同，规则不同，他人对他们的期待也不同。在这个角色转换过程中就会发生很多事情，既锻炼孩子，也考验家长。

我的孩子在学校被欺负了之后我该如何和学校、老师沟通，如何疏导孩子？

这个主题的重心似乎在后者：如何沟通，如何疏导。大家也更多地关注了后者。我的建议是先讨论前者，产生这个议题的前提："被欺负"。重现事件后是否需要重新定义这个主题背景。

一年级男生小凯排队去食堂吃饭时没有排整齐，饭后班长带三个女生拦住小凯，发生冲突，小凯衣服破了三四个洞，脚也受了伤。大约一个礼拜后妈妈发现。妈妈做了三件事，一件是向孩子了解了事情发生的缘由并安抚了他；第二件是和老师确认这件事是怎么发生的，奇怪于老师没有及时通知家长；第三件是通过外围（其他家长）了解了班长是怎样的一个小孩。

大家对于老师对于班长对于学校都有许多自己的看法。妈妈的关注点也渐渐地从孩子被欺负过渡到了老师的处理方式，从老师的处理方式联想到学校校风。我开玩笑：接下去要批判教育体制了！

越是泛化越是无力，也许此刻我们有能力处理这个事件，但无力（暂且自认为无力）和体制抗衡。或者说，将我们的能力用在处理这件事情上我们有自信，用来面对整个体制，效能会极微小。伴随着这个无力感的也许会有愤怒和焦虑，而这些泛化出来的情绪对这个事件本身并没有太大帮助，对我们关注的中心（孩子）并没有太大帮助。再悲观一点，如果处理有偏差，还会给自己孩子带来负面影响。所以，尽量地把焦点放在这个事件上，至少把处理这件事当作首要的事情。

从外围去了解班长，这不失为一个更加客观看待的方法，也可以进一步确认这个冲突发生的"性质"，对引导孩子以后如何与她相处也有帮助。一圈了解下来之后，妈妈对这孩子的印象不佳，似乎太霸道了。也许，正是这份霸气让她合适当一年级的班长吧。对于妈妈来说，觉得自己孩子被欺负的可能性又增加了一些。

其实，无论是怎样霸气的一个孩子，她依然是基于这个年龄层面的"霸气"，带着很单纯地执行老师指令的想法以及满足老师期待的成就感。就事论事去看待她，尽量地不用成年人的思维去度量她。也许处理的方式欠佳，那么针对这个处理方式去应对；也许其中有误会，那么针对这个误会去解析，无论是什么样的情况，有个不可忽视的重点是：我的孩子是考量的主角。

家长隔着学校的围墙，很难看到真相也很难越过去代劳，所以，了解自己的孩子的特点，了解他的反应模式，亲子关系是否良好亲子沟通是否顺畅，这些的重要性要远甚于对班长的反感、对老师的质疑、对学校的失望。

当妈妈去找老师了解情况时，老师一股脑儿把这件事交代完毕并表示当时已经处理好,至于没有及时告知家长,是因为忘了。妈妈的出发点也许是想有一些交流而非听故事,所以略感失望。

也许老师对家长找上门都是心生防御的,所以尽量地事先把事情说个圆满;也许老师本身能力有限,家长也不用抱过高的期望;也许因为孩子太多,老师也顾不上太多细节,各打五十大板完事⋯⋯

实际上,在事情已经发生之后,家长找老师的出发点需要自己想明白。如果是去了解事情的真相,这个也许作为当事人的孩子更值得信任;至于老师的处理方式,估计孩子也已经告诉妈妈。那么找老师是为了什么呢?我想更多的是为了表达自己的态度,借此机会让老师知道自己的底线、亲子关系、对老师工作的支持。这个态度不讨好谄媚也不为难指责,把握这个分寸是家长的功课。

也许,通过更多的了解,通过感受和情绪的沉淀,对于孩子是不是被欺负会有个全新的定义。可能,只是一场冲突,因为力量不匹配显得"被欺负"了。不同的定义会影响妈妈对这件事的看法和自身的情绪状态。

有了这些铺垫之后,我们的关注重点集中到这个事件本身上来,并将焦点放到了孩子身上。

妈妈做了两件事:1.我问了孩子这件事是怎么发生的,孩子也告诉我了;2.我安抚了孩子,告诉他下次再发生要找老师,或者躲开。

除了这两点,我们还可以做点什么?或者说,我们除了理性的分析还能在感性层面做点什么?我们除了告知之外是否还能帮助孩子挖掘他自身的能力,他如何思考以及有什么其他应对方式?以下可以有四项功课:

一、接纳他的情绪,包括在事件中产生的以及重述过程中产生的,可能会有愤怒、羞愧、害怕、无助等等负面情绪。不去评判是非对错,多一些倾听,表示了解,如果孩子需要,可以和他解读一下这些情绪,让他更深地去理解和体会而不是选择逃避和否认。

二、接纳孩子的"有限"也试着让孩子理解对方的"有限"。也许孩子的应对方式并不是最佳,也许这个事件本身是因他"犯规"而起,这就是他的"有限"。他是一个正在成长的孩子,有限是他这个阶段的状态,每一次认识到自己的有限都会让他学习,学习一些必须遵守的规则,也学习在冲突中如何应对。冲突的对方虽然人多,也都是孩子,也都是"有限"的,也许作为班长,比一般孩子懂得略多,更有规则感和责任感,但处理方式依然有许多"有限"。这些冲突以及孩子们的反应也会促进班长的学习,在将来的相处中会用更合适的方式。

三、和孩子探讨有没有更好的办法规避这类的冲突,用讨论代替支招。孩子有自己的感受和判断,也有自己的智慧。父母过多地支招和授意会堵塞他的思维,而最好用最持久的办法是基于他自己思考得来的。在前面两点的功课基础上,引导他思考,在这个事件的经历中生成自己的智慧。父母的支招作为辅助,为他拓展更多的可能而非代劳。当然,这个过程中,父母也需要处理自身的一些情绪,如果依然困在自己的情绪中(我的孩子被欺负了),那么对孩子的指导也会带上很多自己的色彩。

四、帮助孩子从事件中抽离出来看事件。如果是别人发生了这种事情,我们会怎么看待?这个功课可以帮助孩子扩大自身格局,也可以考量出这个事件在他身上的遗留有多少。他是怎么看待班长或者班干部的角色的?他对老师的处理有什么想法?他觉得学校的规则是合理的吗?如果他有一些自己独特的想法,并且也符合尊师重教的前提,不妨主动和老师聊聊,大部分老师会欣赏有自己想法、做事主动、勇于担责的孩子。

6. 我很乖，是小恶魔在作怪

> 请父母觉察是否在不自觉间支持了孩子的恶作剧，请父母觉察孩子用恶作剧想要表达什么，请父母允许孩子有一个完整的恶作剧体验，包括品尝后果。

凯喜欢恶作剧，把老师电瓶车的电瓶卸下藏到草坪里；喜欢打水枪，往窗外打，打到路过的一位老太太身上；坐在汽车后座上，突然开窗对边上的汽车做出"嘎吱"的怪声假装发生刮擦。

一、读懂自己

先做一种假设，孩子的某些行为是在潜移默化间得到我们父母支持的。

人是非常复杂的，每一个"我"的形成都经历三个阶段：一出生就有的叫"本我"，遵循快乐原则；成长到一岁左右，分离出另一个我，叫作"自我"，在有自我之前，小婴儿认为自己和妈妈是一体的，由此，小婴儿极需要和妈妈在一起，看不见妈妈是令他恐惧的；到两三岁，又会发展出另一个我称作"超我"，超我和规则、道德、是非

对错联系在一起。遵循现实原则的自我综合本我和超我之后向外展现出一个人的言行模式。

对于孩子行为的解读,可以从妈妈的几个"我"开始。每一个成年人内心也住着一个小孩,当孩子做出一些恶作剧的时候,也许和妈妈内心的那个小孩是契合的,内心那个小孩也品尝到刺激的快乐。但是,成年人的"超我"更加的强大,社会规则告诉她不可以,所以平衡后的自我会"表现出"不支持孩子的行为,甚至加以斥责。但藏在潜意识下的本我会用它自身的力量让孩子感受到"支持"——妈妈对孩子创意和行动力的欣赏和自豪。

有一次和一位妈妈交流,妈妈苦恼孩子的"霸道"以及在学校制造的事端,但我注意到妈妈在讲述的过程中带着一丝笑容,口吻略显自豪。当我将我观察到的和这位妈妈交流的时候,她诧异但确认了这个感受。——这并非个例。

正是因为我们内心有两个我,我们对孩子的行为自然会产生两种态度:支持和批评。超我比较强大的成年人最后表现出的自我态度是:不可以!但是,孩子是感受性的,他能感觉到妈妈没用言语表达出来的"欣赏和支持"。孩子会更加容易被"自己感受到的"而非"听到的"所影响,之前的"妈妈下午茶"文章中分析过这一点。

二、读懂孩子

小孩子从小到大最宝贵的是经历和体验。如果我们的孩子做了一件在我们的道德层面上不能被容忍的事情,我们选择合适的方式和他交流才是首要的。我们不能将所有的关卡都做好,不让这样的事情发生。孩子做了很多恶作剧是为了在不同的事件里体会相似的感受。恶作剧反复发生,还有一个可能的原因:孩子并未真正完整体验过其中的"乐趣"。如果说一个小小的恶作剧不能让他足够体验这个"快乐",事件就会升级,但驱动他行为的心理因素是一样的。

如何与孩子交流？以孩子的方式和孩子交流，用孩子喜欢听和听得懂的方式交流。孩子的特点是带着好奇心，用感受支配行动。如果妈妈带着好奇心去询问他恶作剧时心里想什么，听一听他如何描述他感受到的快乐，妈妈也许会大吃一惊。我猜测孩子表达的中心思想是：我很乖，是小恶魔在作怪。妈妈的回应可以袒露下自己：妈妈内心的小恶魔也被激活了，我也觉得你的恶作剧挺逗的。

三、指导与合作

读懂自己、读懂孩子之后，妈妈会进入家长的角色，表达自己的态度，指导孩子的行为并明确孩子需要承担的后果。正因为妈妈之前有一个"懂"的过程，他会有比较强烈的带入感，真正地从恶作剧的好玩转换到对"为什么要这么做"的思考。

有儿童心理专家认为孩子的恶作剧出自"获得更多的关注"，如果他做一件事没有获得他想要的关注，他也就没什么兴趣了。但是，也有这样一种情况，他将会制造出升级版的事件来。如果妈妈发现孩子比较喜欢恶作剧，也意味着被提醒：和孩子的互动是不是偏少？

进行恶作剧的孩子很少存有坏心眼，他想要获得更多的关注，想要体验刺激的感受，对于这份能量，父母的努力方向是将它导到利己利他的轨道上。每个人内心都有一个小恶魔，有的人将它养得越来越大，有的人则将它约束招安为己所用。

总结：请父母觉察是否在不自觉间支持了孩子的恶作剧，请父母觉察孩子用恶作剧想要表达什么，请父母允许孩子有一个完整的恶作剧体验，包括品尝后果。

7. 成绩是一个最直观的信号

作为家长,借由成绩可以了解学校教育作用在自己孩子身上的结果,可以通过成绩看到孩子的个性特点和反应模式。借着家长对孩子成绩的反应以及后续引导,也是家庭教育重新回炉的一个契机。其实,孩子的表现也是对上学前六七年家庭教育的一个"成绩"报告。

小安,女孩,小学一年级,数学成绩很不好,甚至会不及格。妈妈不得已交给托管班老师,让老师盯着她完成作业。才一个学期已经被老师认为是差生,妈妈并不愿意孩子被老师"歧视",但哀其不幸也怒其不争。爸爸妈妈打过骂过也哄过,效果都不理想。

小安目前的反应模式:无助,逃避,认罚,防御——不回应,当作没听见。我们期待和理想的孩子反应模式是:求助,面对,回应交流,行动。

一年级的功课难度较小,成绩不理想大多数原因是孩子的"意愿性"出问题,而非智力或是其他先天性的不足。想要更好是每一个人内在本能的驱动力,为什么会"没有意愿"了呢?

简化一下这个过程:小安因为某些字不认识或者速度欠快等

原因少做了一些题目或者做错了一些题目,小安得到一个差成绩(受打击一次),小安被老师批评上课不够专心所以题目不会做(受打击两次),小安在同学之间无形的比较中觉得自己很差劲(受打击三次),小安回家受到家长的责备(受打击四次)。这个过程的某些环节可能会发生在任意一个孩子身上,没有一个孩子有幸从未受到过成绩不好所带来的困扰。但是,如果这个过程反复发生在同一个孩子身上,那么,孩子的挫败感会非常强烈,强烈到她重新拾起信心的力量都没有,外显的行为就是:逃避。

相对成年人的理性,孩子更多使用感性,感觉好就做,感觉不好就不做。而成绩是一个最直观的信号,家长经由讨论成绩去观察和了解自己孩子的反应模式,同时做出合适的回应以帮助孩子重拾信心。

1. 如果某一次孩子考得一个不错的成绩——假设是 94 分,妈妈可以问:这次成绩比以往高许多,你觉得原因是什么?这个问话是把焦点放在"进步"上而不是具体分数上,这样会帮助她建立一个反应模式:进步本身就能得到肯定和奖赏。

也可以直接问:妈妈很好奇小安这次为什么能得 94 分?这个问话会扩大孩子去检索自己曾经如何努力和重新获取自信的感觉。

有时孩子显得羞涩或缺乏自信,不知该如何回应我们的问话,我们也可以为她分析并提供选择。结合日常观察到的亮点,并把这些亮点放到考了好成绩的原因里,那么,她也会建立起两者之间的连接,会重复去做并养成好习惯。比如:妈妈觉得最近你读书的时候不认识的字少了;妈妈觉得最近你完成作业的时候很专注;托管老师也和我说最近感觉你字词方面的作业写得很顺畅……总之,去发现她的亮点,并表达出来,让她感觉到"自己真的是这样的",并把这些行为和她的成绩挂上钩,她的自信和成就感基础就慢慢建立起来了。

2. 如果成绩没有达到预定目标,请先留意到孩子的努力,找出可以鼓励的亮点先说，再用描述性的语言表达这次的成绩和目标的差距。事实本身并不会伤害人，伤害人的是对这个事实的解读。作为父母的我们，必须要知道当下的重点是帮助孩子重获信心还是给孩子一个评判。比如这样表达：这阵子你每天都认真完成作业，正确率也比较高，这次成绩和我们的目标虽然还有些差距，但越来越接近了，妈妈会继续帮你，我们一起加油！

3. 如果孩子忐忑不安地告诉我们没考好，请爸爸妈妈注意第一句回应。大部分家长会问"考了多少分"，其实这个时候，如果第一反应是感受她的情绪并对此有所回应会更好，比如"是不是有些失落？待会儿我们一起看看卷子找找原因"。如果她觉得你理解她并愿意和她并肩作战，她的安全感会强一点，也会更加有勇气面对失败并寻找失败原因和解决方案。

有时候，妈妈会用"没关系"来安慰成绩不理想的孩子。一方面，成绩对于学生就如工作业绩对于已参加工作的成年人那般重要，成绩是成就感的来源，自我价值的体验，并不是没关系；另一方面，为人父母，期待孩子变得得优秀也是一种本能，若是内心在乎最好不轻言"没关系"。我们的努力方向是让孩子自己重视成绩，作为学习的结果，作为努力的回报。只有当学习和成绩与孩子自身形成良性循环，父母才能将孩子学习的责任和自觉性交还给孩子。

小学阶段是孩子全面发展的阶段，成绩作为一个难以回避的事情在孩子成长中占据着重要的位置，作为家长，借由成绩也可以了解学校教育作用在自己孩子身上的结果。我们可以通过成绩看到孩子的个性特点和反应模式，情商、逆商和智商都很重要，并且彼此互通互动。借着家长对孩子成绩的反应以及后续引导，也是家庭教育重新回炉的一个契机，经过六七年家庭教育的孩子送到学校，孩子的表现也是对这六七年家庭教育的一个"成绩"报告。

第四章

在经历和体验中成长

1. 所有的关系都是相似的——向陈道明先生学习如何发飙

> 网络的发达，信息的丰富，获得变得容易，拥有唾手可得，然后呢？解读、应用、思考、体验，才是未来更加重要的能力。一本书带给我们的不仅仅是一个故事，一集节目给我们的不仅仅是热闹，一次旅行给我们带来的不仅仅是谈资。

2016年1月12日那期的妈妈下午茶活动开始前，我恰好看到这个视频，于是我就将它当作了"开场白"。建议参与者先花三分钟观看了这个视频，这个片段可以从很多角度去感受，表演者、队长、青年评论员、年长评论员。

契合"妈妈下午茶"的主题，视频中的互动方式可以借鉴一二，特别是陈道明先生的表达。

相对青年评论员，他年长，资历深，阅历多。

就如父母之于孩子。

如何表达自己的观点并补充年轻人的偏颇还兼具引导作用？

陈道明先生的表达比较少地带情绪，并没有"指责"青年评论员

如何如何，而是针对主旨——"传承"做了论述，还用了自己亲身经历的故事来"丰满"他这个角度看到的东西，比如坚持，比如团队概念。

他并没有推崇青年评论员诟病的那些"没有自我""没有未来"，他没有否定"自我"和"追求未来"的意义——这一点会令对方有被包容和接纳的感受，也容易继续聆听长者的教诲。也因此，他说的那些"年轻人不容易看见和理解的"部分也获得青年人的接纳和思考。

青年评论员的评论并不是"错的"，他们比较直率的表达也不是年轻人的错，若是他们不说这样的话倒奇怪呢；若是他们关注的核心不是"自我"和"未来"，那才令人失望呢。

这样的互动会有个"互相学习"的概念，彼此听见对方的声音，后来侯佩岑就说到了"学习"，很讨巧，很应景。

也许，若没有前面青年评论员的尖锐评论给年长的老师铺垫，后面的内容就会显得无趣一些……现在，就很有意思了。

如果两个人（两队人）的互动是基于观点角度更加丰富，基于让大家更多地感受美好（包括坚持的毅力），这个互动是可以不带情绪或带很少情绪的，并且对双方都有启发和促进。这样的交流可以跳出二元论的桎梏，不论对错是非，只论事情本身，着重表达自己，不为打击对方。

陈道明虽然说"你们胆子太大了"，但是他这样说的时候是面带微笑的，有点调侃的意思。我们做父母的对孩子也会说类似的话：你胆子太大了！未必是责备的意思，很可能只是一种自身感受的表达，未必会引起对方的反感；也可能会有种"宠溺"的微妙感觉在里面，同时也带有一些期待：你们年轻人崇尚自我，追求未来，是吧？请带着传承一起走，请带着我们的叮嘱一起走，我们不会拦着你们前行，我们希望你们走得更有底蕴更加稳健。

其实所有关系都是相似的，在其中，我看到了亲子互动模式的影子。家庭教育的难点在于跟上孩子的成长节奏，父母需要与孩子协同成长，包含传承和顺应变化两大块。父母的经历和见识是优势，孩子的"无知无畏"和创造力是优势。孩子需要我们牵着手学习走路，也需要有我们信任的目光陪伴奔跑。在孩子心理成长过程中，与父母的依恋、分离、独立、冲突都有非常重要的意义，在不同的阶段为孩子的自我成长和发展注入生命力。

向陈道明先生学习，有自己的立场，也有对年轻人的欣赏；有长者的威严，也有平和的笑脸。

2. 同伴关系显露亲子关系

相对来说，间接监控孩子们互动，并用积极、支持、乐观的方式来引导孩子解决冲突的父母更容易养育出善于社交的孩子；那些容易生气、经常命令孩子怎么做的父母，更容易养育出一个社交能力贫乏、容易和同伴起冲突的孩子。

这个星期六活动比较多，小昕（8岁）的表现也比较糟糕，上午参加活动，排队的时候不遵守规则，一定要排在第一位，有人抗议她也不听，为了顾全大局，领队妥协了，我对她有些不满；中午吃饭的时候她坐在一位置上，因为旁边较挤我让她移过来点，她不肯，还拿了桌牌玩，引起其他小朋友抗议，她就表现出很厌恶对方的样子；晚上带她和朋友一起吃饭，又闹情绪，因为她想唱歌，另外小朋友不想听……其实每次和小朋友一起我都很会担心。

对于孩子来说，存在着两个社交世界，一个是成人与孩子之间的世界，还有一个是孩子与孩子之间的世界。这两个社会系统以不同的方式在孩子成长过程中发挥着不同的作用。

家庭教育是一件长久和持续的事情，也因此需要稳定的理念和以孩子为本的思想，但是家庭教育内容并不能实现做好教案按计划进行，也就是说，我们不能先把孩子教育好，再将他送到社会成为社会的一员。孩子和孩子之间的交往，也就是同伴关系的发生，就是最明显的佐证。许多父母会纠结自己孩子和其他孩子交往过程的不顺畅，也会发现自己为孩子制定的最优方案会受到考验，孩子会因为伙伴的影响反抗自己父母的指令或做一些不符合家规的事情。也许"坏影响"确实存在，但积极的意义更多。孩子需要亲身的体验才能建立起和他人的关系，孩子对规则的理解也需要在应用中内化。

小昕给妈妈带来的不舒服的感觉也是小昕自己体验到的感觉，每个人都倾向于让自己感觉舒服。对于小昕来说，这些体验和经历会改进她的互动方式，重新寻找自己的位置，学习合作和同理心。

我们对同伴的定义是：社交中处于相同地位的个体。孩子和父母的互动一般是不平等的，因为父母处于强势，孩子处于从属的地位。但同伴之间的地位比较平等，如果彼此希望友好相处或达成一些共同目标，必须努力学习理解对方的观点，学会协商、让步、合作。这样的经历，对大部分孩子都是有益的，除非极少数孩子和父母交流就感受到非常平等，即便这样，对孩子来说，父母也依然无法取代伙伴的重要位置。

同伴未必是同龄，不同龄的伙伴之间互动也许会有失衡发生，但是这样的交往却能为孩子获得某些社会能力，比如年长儿童与年幼儿童相处过程中会促进自身的同情心、照顾他人的能力、决断力与领导力。反之，年幼儿童会去学习如何寻求帮助以及如何做一个顺应者，顺应能力其实是容易被忽视和贬低的，它像水一样，有和谐的力量，是与人相处时不可或缺的。

据昕妈回忆，小昕在上小学前比较少与同伴交往，昕妈自己因为工作忙碌也没有创造太多机会让小昕和伙伴一起玩耍，而小昕从出生开始一直独睡。这些信息对于理解小昕在同伴交往中的表现有很大的价值，让我们可以有的放矢地去做一些弥补。

心理学家哈洛和他的同事曾用猴子做过一个实验，一类猴子只有母亲，另一类猴子只有同伴。经过一段时间之后，哈洛发现，"只有母亲"的猴子没法形成正常的社交，将它们放到普通猴群中，它们往往是躲避或者攻击；"只有同伴"的猴子的表现是彼此之间黏得很紧，但很容易被激怒，对群体外的猴子也表现出比较强烈的攻击性。

人与猴子自然有区别，并且我们的孩子并没有那么绝对地被置于这两类极端化的养育环境中。不过，这个实验确实给我们很大的启示：

父母和同伴对孩子的成长都有非常重要的作用，只是两者作用不同，分别有自己的特点。带有情感、能对孩子及时作出反应的父母不但教会了孩子一些基本技能，更重要的是为孩子提供了安全感，这种安全感让孩子敢于去探索周围的环境，并逐渐形成胜任的、适应性的社会行为模式。"只有同伴"的猴子正是因为缺乏母子关系带来的安全感而表现出容易受惊吓、不愿意探索、同类紧紧抱团的样子。

与母亲建立起安全依恋关系的孩子一般都更外向，成为更有吸引力的玩伴。

游戏是幼儿园阶段孩子最主要的学习方式，老师会通过游戏的方式教孩子们一些知识点，而社交关系的发展也是通过游戏，比如"假装游戏"。

假装游戏需要角色扮演以及制定游戏规则，分配和协商，妥协和让步，孩子们在体验中学习，也创造了一个好机会理解自己和同伴，获得支持，赢得信任感，建立情感连接。这些能力可以从"假装游戏"中获取。到了小学阶段，因为认知能力发展，心智发展又向前一步，孩子们会越来越喜欢玩那些有正式规则的游戏，并发展出同伴群体。

昕妈对照自己，发现自己忽视了小昕在学前阶段的同伴交往，确实如此，暂时不论孩子的气质不同，父母对孩子的社会交往能力有很大的影响，比如，选择的住处、社区是否有足够好的条件让孩子与同龄伙伴交往？当孩子自身还没有能力聚会时，父母是否承担了孩子的"预约代理人"，为孩子们彼此接触创造条件？当孩子互相邀请串门，父母作为监护人会如何监控孩子们的交往？是不是不允许有冲突？

相对来说，间接监控孩子们互动，并用积极、支持、乐观的方式来引导孩子解决冲突的父母更容易养育出善于社交的孩子；那些容易生气、经常命令孩子怎么做的父母，更容易养育出一个社交能力贫乏、容易和同伴起冲突的孩子。

3. 优秀的小伙伴是正能量还是负能量?

> 辰辰有一个从小一起长大的小伙伴,是个很优秀的女孩子,一、二年级的成绩虽然不能代表一切,但还是凸显出女孩的优异和辰辰的一般,就连一起课外英语学习,女孩也是老师的宠儿,辰辰的学习状态一般,更别说其他才艺了。在她的映衬下,辰辰这个男生越发显得欠优秀了,辰妈"等得起"的心受到挑战,虽然知道不能将力气用在"奋起直追"上,但也会疑惑:要不要和优秀的小朋友保持距离?

维果茨基(著名心理学和教育学家)提出两个概念,即"现有发展水平"和"最近发展区"。

所谓现有发展水平即指儿童独立完成一件事的心理水平,传统的智力测验所要了解的就是这种水平。

而所谓"最近发展区"则是由儿童在有指导的情况下借成人的帮助所达到的解决问题的水平与在独立活动中所达到的解决问题的水平之间的差异来确定的。

我们通常讲"给孩子设定踮踮脚能够够到的目标最有利于孩子

的学习和成长"也带有这个理论的色彩。也就是说,如果一个孩子一直面对和处理现有发展水平就能完成的事情,那么,他就待在学习状态的"舒适区",对生命力旺盛、处于学习阶段的学生来说有点"浪费"了。

比较理想的学习和教育是充分利用孩子的"最近发展区",让孩子能不断地将后者转化成前者。有小伙伴一起学习,是创造类似情境的比较方便的方式,个体之间的差异很容易产生各种刺激源。群体教育的好处在这一点上尽显,一对一的教授不容易把握分寸,缺乏来自同伴的刺激也让孩子学习的动力马达不够强劲。

发展心理学中也特别说明,孩子最容易受"比自己优秀的伙伴"的影响并激发学习的动力。而我们孩子几乎都能从身边寻找到比自己"优秀"的伙伴,如何利用好伙伴的力量,如何用好"最近发展区"是家长关注和利用的重点。

以上理论可以说明一点:辰辰目前所处的学习情境是符合孩子心智发展需求的。但,确实也有许多孩子因为伙伴太优秀太耀眼感觉到压力并失去信心,把自己发展的潜力也一并抹杀了。

在老师和家长不断强化他好你不好的情况下,孩子会越来越认为自己不如伙伴,差距也会越来越大,那么,和优秀孩子在一起的好处没能得到反而打压了自己孩子的自信心。

发现孩子的优点和优势是爸爸妈妈的一门功课,优点指的是已经呈现的、可以具体化的部分,优势是指潜在的能力、感觉到的"好苗头"、孩子行为模式倾向。具体化的部分当下就可以被看见,未来的可能可以通过描述去"预言",当一个孩子感觉到自己未来有无限的可能时,他更有面对"此刻不如伙伴"的勇气。

每一个孩子都有亮点和自己的优势。孩子的自信心不仅仅来自学科的成绩,还有很多更宽泛的层面,比如行为习惯、社交能力、

情商、毅力等等。哪怕是一门学科,比如语文,也可以多方面地去看待他的优势:阅读?表达?书写?作文?在 A 处获得的自我价值感会让他迁移到 B 处的自我认同,当他觉得自己可以的时候,配合方式方法,开花自然会结果。父母对于"显得不够优秀"的孩子需要改变一下策略,不要从他的弱项下手,而是发掘他的优势,并将它搭桥到某个具体的任务上。

男孩女孩的身体与心智发展节奏有所区别,女孩以 7 岁为一个节点,岁数每逢 7 的整数倍数都是她的重要飞跃节点,比如 7 岁左右脑力大开,14 岁左右身体发育迅猛、思维能力突增;而男孩以 8 岁为一个节点,相比女孩,会"晚熟"一点,但进入学校教育却没有男女之分,因此就产生了差异。这个差异只能依赖家庭教育去弥补,做一位智慧的等得起也会引导的家长非常重要。

4. 动画片、综艺节目——满足了孩子什么?

> 在我的感受里是嘈杂和打扰的声音,在孩子的感受里却是热闹、有趣甚至温暖。——这属于感受范畴。孩子,恰恰是最容易在感受中"工作"的群体——感觉好就做,感觉不好就不做。不要试图在认知范畴去解释和说服孩子做或不做,直接为他们创造感觉同样好的情境是上策,当我们这么做的时候,我们会发现,他们自己才是那个更有创造力的人!

有一次搭如如妈妈的车参加户外活动,我坐副驾驶的位置,两个女孩坐后座,上车之后,如如打开车载音响,放的是《喜羊羊和灰太狼》的主题歌,热热闹闹地听起来。

也许是路况欠佳,也许是不喜欢听太热闹的声音,我有点不舒服,就偷偷地把音量关小了点,如如很快感觉到了,又把音量调大。如如妈妈是一个很有耐心且性情温和的妈妈,她想照顾下我这个"客人"的感受,就试图说服如如关掉音乐。用的方式是建议了一个替代的方式:你们可以聊天啊!

这个建议被如如"踢回":我们不知道要讲什么,没什么好聊的!继续听喜羊羊的歌……我回头看了一眼两个女孩,我女儿表情木木地看着窗外,如如跟着音乐左右摇摆。如如妈妈作出了折中的选择:音量关小。

车子继续往前开,喜羊羊的歌曲继续冲击着我,我放弃了"也许可以不听"的想法,而是去体会为何让我听着不舒服——如如却那么喜欢。在我的感受里是嘈杂和打扰的声音,在孩子的感受里却是热闹、有趣甚至温暖。

我把我的感受和如如妈妈分享:也许只是孩子太寂寞和孤单了。我并不懂音律,只是某些动画片和插曲并不能让我感受到美好,似乎只是视觉和听觉的冲击罢了。

如如妈妈认同我的想法,也感叹现在的孩子太孤单了,动画片也许只是发挥了陪伴的功能,美和教育似乎欠缺了些。于是如如妈再一次和如如商量:咱们不听了。也许第一次商量时内心更多的是出于对我的照顾和对"客人"的礼仪,第二次的商量是出于想要达成目的的坚定——虽然如如妈妈态度上依然温和、耐心,没想到,如如还算爽快地答应了。并且我们也不纠结不听音乐该干什么,几乎没有提什么建议——刚才已经被否决过建议,我们也黔驴技穷没啥好建议了。

我和如如妈妈聊着一些关于孩子的话题,没有太关注后座上的俩孩子。过了几分钟,我们发现后面孩子们开始热闹地聊天,有时还咯咯笑,话题似乎还不少的样子。

我偷偷地和如如妈妈说:瞧瞧,刚才还说没什么好聊的呢。我们俩相视一笑。

孩子是带着创造性的,当有一团声音在那里时,她们不会启动她们的创造力:好吧,那就听着吧。两人都被声音"带走",彼此之间的引力就不容易发生了。既然没得听了，不如找点事吧，于是创造就开始了。就如在家里，如果几个孩子一起看电视，自然就交流少了，若是不看电视，也没有大人指挥，孩子就会自主地寻找一些事玩成一片。很多综艺节目吸引孩子，"热闹、好玩"是一大因素。还有一个促进因素也许是两个妈妈之间的交流，我们也起了一点榜样的作用。

教育除了言传、身教，应该还包括在理解孩子的需求基础上为他们创造的环境。动画片、综艺节目、各种秀……是让孩子的生活内容更加丰富，但终究不能"喧宾夺主"，自身的体验和创造是主人，对于媒体推送的各种各样的"资源"需要过滤和择优选用。

5. 时间管理——一个非独立的课题

> 时间管理这个主题，覆盖面几乎是所有家庭。从时间管理聊起，聊到自我负责，聊到奖赏，聊到做事风格……没有一个主题是单独纯粹的存在，教育本身是一个系统而非一项任务，就如教育对象——人本身一样。用系统的、整体的眼光去看待单一的主题，会得到更多的启发和领悟。

百合对女儿说得最多的话就是"快点快点"，觉得自己女儿做什么都慢，总想去催促她，结果是越催越慢。

Ella家情况相似，每天早上经常因为催促孩子"快点"闹得不开心。

Edith有两个女儿，每次吃饭时，奶奶就会说：谁吃得快有奖励！Edith不赞成奶奶的方式，但也觉得大女儿很拖拉，回家会先吃东西、玩，直到晚上七八点钟才开始做作业。

为什么妈妈总是觉得自己孩子慢呢？我们"以人为本"地看还是"以事为本"地看？有些时候，是因为事情着急了而非做事慢了，比如上学要迟到了，着急，妈妈就感觉"孩子太慢了"，如果"穿衣服快一点""吃饭快一点""洗漱快一点"就好了。换一个角度，这个年龄的孩子"只有这么快"，那么上学迟到这件事的归因就会从孩子转移到时间安排上，属于可以改进的可变因素。如果归因为孩子"慢"，这个标签会让孩子觉得自己就是快不了。

当家长不断催促的时候，焦虑会传递给孩子。如果一件事重复发生，叫他起床却总不肯起床，出不了门，吃饭特别慢……找出原因对症下药。其次是时间上的安排，合理和宽裕，保有弹性。

小学阶段，让孩子形成一定的节奏感很重要，我会给孩子设置四个不同的闹钟——起床、洗漱、早餐、出门，孩子的感觉不是妈妈喊她起床而是闹钟喊她起床。闹钟作为第三方，提醒孩子也约束着妈妈，因为妈妈也要紧跟步伐为孩子准备早餐给孩子准备衣服送孩子上学，那么从孩子的感受上"妈妈和我是同盟军"。尽管也会有不想起床的时候，但不会和妈妈有冲突。偶尔，妈妈表示"我也起不来"的时候，会唤醒孩子的"自我负责"，她会意识到迟到的后果是自己承担而非妈妈承担，是自己要上学而非妈妈要上学。有一次女儿不想起床，我就问："你打算起床了吗？如果你现在不起床，那妈妈也再去睡会儿。"结果她飞快地起床了。对于小学生来说，自律和自我负责是这个阶段人格发展的重要课题，他们有能力也需要面对。

父母对孩子的影响是潜移默化的，发挥自身的影响力，给足时间和频率，孩子确实会朝着我们希望的方向发展，过早地用规矩来影响他，一方面不符合孩子成长的规律，另一方面也会弱化父母与孩子的情感连接。帮他一起去做到，而不是要求他去做到。对于比较幼小的孩子，尊重他的感受比夸他遵守规则更符合孩子的内在需求。对于规则，在社会化过程中会有越来越多的人参与进来要求和帮助孩子建立，但尊重他的感受相对来说会少一些机会，父母需要更多地意识到这一点并做好这个陪伴者的角色。以此为基础,父母的约束容易得到孩子的合作,孩子对规则的认识和遵守会过渡得更加自然。

无论是时间观念,还是完成一项任务,我们平时要表达的理念是:你需要、并且有能力"为自己"达成。有了"为自己"这个概念,当孩子遇到困难,更容易积极面对,并思考解决方案。每天都会有事情发生,父母有很多去引导的机会,我们可以在生活中多多练习。作为陪伴者的父母,用奖赏来强化孩子的行为并代替标签式的评判,从而让孩子养成好习惯。

奖赏可以理解为一种认可,物质与非物质并重,核心是孩子想要的,否则奖赏就没有意义。因为我们希望通过奖赏将他的行为和美好感受从心理上关联起来,只不过借用了一个载体来推动。这个载体必须是有加强和推动作用的。我们越来越不推崇物质奖励,其原因是整个社会越来越富足,许多物质对孩子来说并不稀缺,所以不算是一个好载体。了解自己的孩子,探究一下他的需求,我们会发现孩子想要的不一定是我们以为他们想要的。我倾向于笼统的承诺:满足你一个愿望,并且可以自己选择时间兑现。

时间管理作为一个习惯形成的范畴,奖罚会起到很重要的推动作用,用得好用得妙,皆大欢喜。有时也会遇到挑战,孩子会告诉我们同学妈妈是怎么奖励的。就如父母眼里都有一个"别人家的孩子",孩子眼里也会有一个"别人家的妈妈"。我们在比较和观察、理解和接纳下爱孩子,孩子也一样会比较和观察,也一样会理解和接纳我们。和孩子坦诚表达自己的看法,表达"我们家的风格""我们家目前的能力"以及我们可以学习和借鉴的地方。对于比较小的孩子(十岁前),对爸爸妈妈的爱和陪伴会有更大需求,一个吻、一个拥抱、陪着入睡都会成为孩子的诉求,对于比较大的孩子(十岁后),

想要更多的自主权,想拥有同伴有的一些"装备",想为自己预备一个免于惩罚的机会。这些,是更加独立,心智发展到更高程度的孩子的诉求。了解成长中孩子的特点,奖励这个招式用起来会更加得心应手。

Cindy 分享了一个和奖励有关的困惑:我会在孩子表现好的时候给孩子画五角星,等积累到一定数量就可以换取一定价值的物品,但是孩子提出"妈妈你直接给我钱吧"!孩子想用这些钱自己去小店里买东西,因为他对妈妈给的奖励物品不感兴趣。

小学数学就有关于人民币的内容,数学的解决问题部分也和实际生活息息相关,让孩子接触钱并使用它不违背孩子成长的需要。我们会根据我们的喜好给孩子准备奖品,因为我们倾向于有价值有意义,孩子会更多地考虑好玩和"小伙伴有"。如果两者差异太大,妈妈可以和孩子商议一个如何使用的规则,免得后续更多的不开心发生。如果妈妈担心用钱奖励让事情变得本末倒置,那么不妨诚恳地问问孩子:"你这么努力就是为了拿到钱吗?"哪怕是亲子之间,也一样会有很多误会。交流过程中向孩子表达:你所收获的远远大于妈妈奖励给你的这点钱,这只是一种游戏方式,作用是让你更加享受这个过程。帮助孩子更多地关注到自己的行为和能力而非结果(奖赏)。

Edith 的大女儿放学后时间的安排让妈妈有些苦恼。先做作业再玩似乎是最普遍的规矩,她偏反着来。如果妈妈苦恼的是孩子和别人不一样,这倒是妈妈需要修炼的功课了,个体之间的不一样让这个世界精彩,充满勃勃生机。

我觉得可以从后续联动的事情考虑,孩子如此安排会影响到什么?作业能否按时完成?睡觉时间是否能保证?如果能,似乎没有强令孩子改进的必要。我的孩子,也许受我的影响,她做事的顺序

是：必须做的，喜欢做的，不着急做的，也许这样会让她感觉踏实。但也有一些孩子（以及成年人），非常善于活在当下，对他们而言，不完成任务时去玩耍也不会有压力，先玩后做也一样能高效完成。当然有的孩子会因为牵挂作业而玩得不尽兴，既想着放松自己又希望能尽快完成作业，这样的纠结反而更令人痛苦。这个过程是孩子内心最真实的愿望和他们接受的教育思想，产生了冲突。让他们自己去经历和体验，先不着急提供最佳方案。如果孩子觉得作业和玩耍是两件并行不悖的事情，哪个早哪个晚区别不大，但是先做作业会给其他人带来方便，比如当他需要的时候给予辅导，可以多一些睡前亲子互动，那么，和孩子商量，调整做事的顺序。

时间管理这个主题，覆盖面几乎是所有家庭。从时间管理谈起，谈到自我负责，谈到奖赏，谈到做事风格……没有一个主题是单独纯粹的存在，教育本身是一个系统而非一项任务，就如教育对象——人本身一样。用系统的、整体的眼光去看待单一的主题，会得到更多的启发和领悟。

6. 被拒收的礼物——浅尝挫败感

当孩子们热情满满的礼物被拒收,并且这个拒收来自老师,孩子们都会产生负性情绪,伤心失落担忧疑惑,甚至不满愤怒,和孩子经历和面对这些,影响他们成长的不是某个事件,而是他们对这个事件的看法。而看法,是可以引导和升华的。

案例一:前两天幼儿园搞迎新年活动,让每个孩子准备红包和礼物,我觉得没必要互赠红包,因为最近开始有教她些类似付出才有回报的概念,让她明白挣钱是怎么回事。

无独有偶

案例二:英语培训学校交换礼物,儿子(二年级)的礼物没有精美包装(一个漂亮的旧铁皮盒),被老师拒收。拒收的理由是"没人会要"。妈妈很懊恼:礼物也分三六九等吗?难道外包装比心意更重要吗?好的初衷和策划却给孩子带来很多不开心。

所以当时我就让她准备了自己画的画放红包里面,让她与小孩子之间交换礼物就可以了。

结果女儿回来跟我讲送出去的礼物被退回了,因为红包里面没钱。

她奶奶也被老师批了:不是和你们家长说了红包里面要放钱,为什么不放?我听了瞬间觉得好悲催。

女儿因为小朋友不收她礼物就很委屈,难过。

但我真有点不知道应该怎么和她解释这个事。

都是最近发生的事情,迎接新的一年,发扬集体意识的活动,增加社交关系的策划,美好的初衷因为执行的"偏差"引起若干吐槽。

这两个例子有相似之处——孩子面对的都是被拒绝和被排斥所带来的难堪。也分别有自己的特点,案例一是有一个明示的规则,案例二并没有明示的规则;案例一孩子还小理解上有些懵懂,更加容易产生的是不被接纳的伤心和担忧,案例二的孩子已经有足够的理解能力,比较容易引发的情绪是愤怒和不满,甚至是回击。

如果有明示的规则,遵守游戏规则,放少量的钱参与游戏也无伤大雅。对于孩子来说,不同的事件给她带来不同的教育体验,新年互赠红包也许在她那里只是一个表达祝福的游戏,并不会产生"可以不劳而获"的想法。若是一件事就能树立一个信念,那么,教育就会非常容易,改日重新经历一件事情就能把想法扭转回来。其实,教育是日积月累和反复作用的结果,不同的事件给孩子带来的冲击都有其意义,重要的是:她感受和关注到什么?

每一位家长都有自己奉行的标准和处世之道,若是真的不太欣赏幼儿园的这项规则,事先和老师交流为自己争取一下"特权"也许可行;如果不行,也可以提早警醒:我不给孩子红包里放钱估计会发生不愉快。这样应对起来就不容易懊恼一些。

对于幼儿园的小小朋友,面对这样的事情,少些解释是上策,太大的道理和太强的逻辑容易给孩子造成压力,让她在幼儿园有安全感、开心快乐是我们的大原则。和她一起"经历"这些事,"被拒绝"并不需要深深地烙在她心里,只是发生了,发生过了就可以。也许吃一堑长一智的是我们家长,我们会因此提高我们的"合作"能力和"应变"能力。

关于幼儿园老师的行为是非对错,此处不多做评述。

若是没有明示的规则,孩子如何面对这个"遭遇",可以关心一下,他为自己积极争取了吗?他是怎么表述的?他向妈妈求助了吗?妈妈如何协助孩子?面对"挫折",孩子如何反应是父母关注的重点,也许也是教育的契机。当孩子渐渐长大,他也会渐渐认识真实的世界,这个世界里有不公平、有偏心。面对需要勇气,争取需要智慧,而这些,都只能在经历中发生。这里还有一个要点:父母的作为。父母的反应就是一个很有影响力的教育榜样,忍了算了还是极力争取、大而化之和锱铢必较之间都有很多种可能。

父母教育孩子,不能全部亲力亲为,必然需要借力,选择什么样的培训机构什么样的老师,也会考量为人父母的能力。

当孩子们热情满满的礼物被拒收,并且这个拒收来自老师,孩子们都会产生负性情绪,伤心失落担忧疑惑,甚至不满愤怒,和孩子经历和面对这些,影响他们成长的不是某个事件,而是他们对这个事件的看法。而看法,是可以引导和升华的。

7. 再让我学游泳我就绝食——处理未完成的事件

> 十岁的孩子为什么坚决不肯学游泳？是怎样的恐惧让她"宁死不屈"？为什么过了一年多，不愉快的感觉仍然在？如何为过去的未完成事件画上句号重新出发？做什么是第二位，了解和理解曾经发生的，是首要。

四年级女生，暑期学游泳，去了一天，回家之后就亮出这样的态度：再让我学游泳，我就绝食！

游泳是中考体育项目必考的一门，也因此成为每个孩子学生涯中必过的一关，大部分孩子二三年级就学会了。妈妈焦虑得不行，求助朋友：你能不能帮我教会她？

朋友很纠结：我能教会她游泳技能，但没有把握消除她对游泳的排斥和恐惧啊！原来去年就去学过游泳了，被教练强行将头按进水里，于是很抗拒，家长让步，暂停。今年，再次面对，孩子态度坚决地拒绝。

原来孩子目前还在处理去年的"未完成事件"呢。

貌似家长很开明,又等了一年,实际上,这个开明对于"受伤"的孩子来说还不够,帮助她处理她当时的情绪和心理阴影是必需的。当时没有处理,那么一年后,甚至多年后仍然需要处理。没有渠道转化和没有契机重新看见,它永远在,或许还将泛化到其他事件上,比如对水的恐惧,对严厉老师的恐惧,对新项目缺乏自信等等。

只是,这一点,很容易被父母忽视。

当时的孩子,除了被强迫的难堪,除了呛水的害怕,还有一点很容易被忽视:一种羞耻感。羞耻感这个词虽然是中性的,并且对孩子的成长有促进作用,但是,当孩子不能客观地看待它又得不到家长指导的时候,它最容易产生负面的作用。孩子有积极向上的冲劲,有自我肯定的价值感,有为父母争荣耀的天性,当她受挫的时候,这些东西统统被羞耻感淹没了,于是她想放弃,她觉得自己没用,她也不打算一再地给父母带来挫败感,不做就是为了避免这一切。

被强迫的难堪容易处理,换个温和的教练,和教练私下交流,进度慢点,耐心好点,或者多花点钱请一对一私教。

对于呛水的害怕,也相对容易,这个是技巧性的事情,事先的准备、指导,以及一年多的身心成长,都会比过去更加容易面对和克服。

难的是克服这个"羞耻感"。或许家长没有能理解到她这一点,甚至她自己也不见得自知得那么清楚。如果能有一个温和的可信赖的人沟通到这个层面,帮助她释放出来(不是用理性去克服或者忽视),那么,这个游泳不需要以"死"抗争(绝食的隐含意思是宁死不从)。

朋友感叹说:这样的事情仍然天天上演,每次在游泳中心看到教练和父母"暴力"对待孩子,都很难过。

我们不能每件事都防患于未然,至少知道一点常识,对孩子多

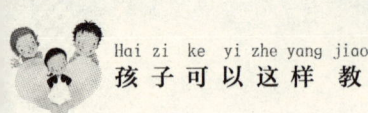

一些理解和尊重,那个结才能打开,才能继续向前走。否则,生命的某一部分,就此停住,未能顺畅成长的部分在未来会用各种不愉快的方式重新启动。

补充说明的是,确实有小部分的孩子或成年人在"暴力教练"下学得一门技能,游泳更是被普遍认同:呛几次水就好了,直接扔下去扑腾几下就会游了,胆子就是被吓出来的。心理咨询技能中有一种疗法叫作冲击疗法,也叫满灌疗法,通俗地讲就是怕什么给你经历什么,直到你脱敏为止。但资深的心理咨询师也不会轻易使用,使用之前需要确定许多因素,包括病人的身体状况、个性特点,并且还有许多防范措施。

我个人认为需要考虑到孩子的年龄和性格特点,有的孩子越挫越勇,挫折会激发动力,然而对一大部分孩子而言,激发的会是恐惧。

8. 关于撒谎这件事

> 小学生撒谎已经有动机和诉求，确实有利己的好处让他们"铤而走险"，尽管这个利益只是一时的好处。这个好处到底是什么？是否可以通过其他的方式得到满足？探究撒谎背后的因由比评判撒谎本身更有意义。

米妈出门办事，小米留在家里拉小提琴，约定练习一小时。米妈背着小米在家里放了开着录音的手机……米妈发现小米练习的时间压根没有一小时，回听时，还可以听到小米走动的声音，以及哼小曲的声音……

小杰上的是钢琴兴趣班，一直很自立，平时都是独自去离家不远的琴行练琴，有一次杰妈问老师今天练得如何，老师说今天没来练呀！穿帮了！

米妈对于自己的"发现"是有思想准备的，正是因为早已存疑才出此对策来验证自己的猜想，果然不出其所料！约定好了练琴，结果只是应付地拉了一会儿，根本不是约定好的认真练习一小时。但她和妈妈汇报说"练过了，一直在练习"。小杰也是，告诉妈妈去琴

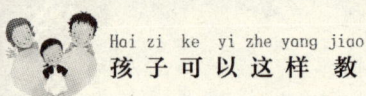

行弹琴了,其实也没弹。两位妈妈又气又急。气的是孩子居然对自己撒谎,急的是"会不会发展成人品问题"。

"撒谎"也是一种能力,认知水平发展到一定水平才能够撒谎,从念头产生到实施到圆谎都需要一定逻辑思维能力和稳定的心理素质。小学生的撒谎和幼儿园小朋友的撒谎有本质的区别,幼儿的撒谎很多是源于想象与现实的混淆,即便有一部分是出于逃避,也会显得非常幼稚很容易被识破。但是,小学生撒谎已经有动机和诉求,确实有利己的好处让他们"铤而走险",尽管这个利益只是一时的好处。这个好处到底是什么?是否可以通过其他的方式得到满足?探究撒谎背后的因由比评判撒谎本身更有意义。

孩子答应了妈妈要去练琴,但是不练。在妈妈概念里是一件事。但是,在孩子的概念里却是两件事:答应妈妈是因为必须答应,不管是因为事先约定还是老师布置作业,或者是怕妈妈唠叨;不练是因为不想练,可能是曲子有难度、有更好玩的事、感觉累不想弹。这样的"分裂"在许多孩子身上都可以看到,即便是成年人,只说不做的也大有人在。两位妈妈担心的"人品问题"也不算危言耸听,人格的发展确实是从日常言行中形成的。

孩子毕竟是孩子,和妈妈之间的情感连接会让他们的"撒谎"本身带有另一层感情色彩,这一点是很容易被忽视的,孩子"撒谎"时内心是忐忑和波动的。撒谎自己完成了约定,顾全自己好孩子的形象,避免了惩罚;同时,也照顾到妈妈的感受——如果妈妈知道我没弹琴,妈妈会生气、难过,现在妈妈不知道,妈妈就不会生气、难过。这个心底里的声音不容易被听见,这个声音是与爱有关的,孩子爱妈妈,她做了让妈妈不开心的事情,她的补救方式是——不让妈妈知道。

孩子的潜意识完成了这一切,如果要打破这个循环,就需要将这个过程显化到意识层面，和她一起面对：你不弹琴妈妈会难过，你撒谎妈妈会更难过。

妈妈们能理解这一点，知道之后也容易做到，只要再多注意表达的语气是否温和坚定，内容是否足够精简，有没有上纲上线大做文章。当"道理"在我们家长手里时，对这三方面有所觉察才能更好地引导孩子与我们合作。因为，我们重视的是"效能"，是下一步孩子的行为。

为了达成"效能"：孩子不再撒谎。还有一点需要配合，就是与规则匹配的监督机制。比如，直接告诉孩子：我放了手机录音，也许你这个年龄还需要一点外力帮助，练习之后你也可以听听自己的表现。对于去老师工作室练习的，只要保持和老师的沟通并让孩子知道就可以，监督和关心之间本来就只有一线之隔。这个监督机制也是顺应孩子心理发展规律的，小学低段，处于从他律到自律转变的过程中，一方面还不够自律，需要外力帮助，另一方面也是需要在陪伴过程中渐渐过渡到自律（陪伴会令孩子更加踏实走得更稳）。孩子内心会渴望自主，这是"自我"形成的一个标志，也是人成长的规律。现实匹配的经历是在和父母的互动中学习到"自律是自主的前提"。就如我们日常生活中经常说的信任、放手，都需要反反复复的经历、反思才能达成，孩子有自主独立的渴望，父母有信任放手的智慧。

孩子撒谎还有其他的因素，不管出于什么原因，对于十岁前的孩子来说，撒谎本身是对父母的一个"预警"。警示的不是这个孩子要变成品德低劣的人了，警示的是父母在陪伴孩子成长的过程中是否有不合适的言行和导向。对于年龄比较大的孩子，因为社交更加宽泛，需要考量的就不仅仅是父母和家庭的因素，加上心智发展到更高级，其撒谎的动机也会更加复杂，圆谎的能力也更强，亲子关

系，彼此尊重是基本功。

在我们孩子还不算太大的时候，做学习型思考型的父母，收获的不仅仅是一个更优秀的孩子，还能提升自己的幸福感。

关于撒谎，文妈也经历了一次，并有许多的感慨：

"我自己是一名老师，见识过许许多多的孩子，但在养育自己孩子的过程中还是不免有些忐忑。在畅聊过程中我提到儿子文文小学一年级发生的一件事，关于撒谎，令我产生许多感慨：孩子周密的思维、老师的反应以及当时我和他爸爸的处理方式，面对一个不断成长的独一无二的孩子，家庭教育需要一个一致性的理念，也需要多角度地去看待一个貌似不妥的行为。

"事情发生在一年级下半个学期，平时每次语文单元考试后，老师都要求学生的家长督促孩子订正并签名，一直都是我或者他爸爸签名。这一次，文文订正好试卷，苦苦哀求他爷爷帮他签名。爷爷拗不过他，答应给他签名，但要求他跟我们来说明情况。等到我们下班回家，文文没有和我们提起这件事情，显得非常的淡定。当我给他家校联系册签名的时候，发现他的作业记录中第一条有橡皮擦过的痕迹，当时也没有觉察事有蹊跷，还被他蒙在鼓里。

"吃好晚饭，文文的奶奶来我们家，她一进厨房，随后文文马上也跟着进了厨房，并轻轻地把厨房的门给关上了。这个举动引起我的注意：不寻常！原来他在厨房里跟奶奶说悄悄话：希望奶奶能够对他让爷爷签名的事情保密，不要告诉我们。但是奶奶非常坚决地说这个事情还是需要你自己向爸爸妈妈说明情况。这个时候，我发现从厨房走出来的他，神情变得很尴尬。

"小孩子的生活很简单，要瞒着我们的估计是考试成绩的事，如果在学校闯祸了，老师一般第一时间就通知我们家长了。我们在他书包的底层发现了这张卷子，藏得多隐蔽呀！事情是这样的：这次单元考试他考了 96 分，因课堂上跟小朋友讲话，老师扣了 5 分，变成 91 分，成了"良"。这是他之前所有考试当中最糟糕的一次。他担心会被我们批评，所以就想出了这一招。知道这个事情来龙去脉后，我们夫妻俩感到生气的同时又觉得非常吃惊，生气是因为他向我们撒了谎，吃惊的是他这么小的孩子，想法会这样的缜密，细节问题考虑得这么周全。把我们俩大人骗得团团转，丝毫没有发现他的破绽。当时，我们俩觉得这件事很严重，儿子的道德品质出现问题，如果再不正确引导，将来会出大问题。于是就打电话给他班主任，核实一下这件事情的过程，了解他在学校里面的表现。班主任经过大半年的相处，对文文有所了解。因为知道这个孩子很好强，很在意成绩，这次扣分的目的是为了让他在纪律方面表现更加好一点，动"真格"的，才会长记性。班主任告诉我们，不要把事情看得过于严重，更不要轻易把这件事情跟他道德品质联系起来。

静下心来分析他说谎的原因：也许一方面他觉得这个成绩实在是太糟糕了，有些不好交代；另一方面可能是为逃避我们对他的批评而采取一种自我保护方式：自卫性撒谎。

作为家长的我们需要纠正自己的教育方法，希望能够正确对待孩子所犯的错误，做到惩罚适度。向他表明态度：父母在意的并非是事情的结果，而是在意事情发生后，对自己所犯错误敢于承认的态度，引导孩子勇于说真话，逐渐让他明白，把自己最真实的一面展现在父母的面前。撒谎，解决不了事情，反而会让事情变得越来越糟糕。

爷爷奶奶坚持文文"要和爸爸妈妈说明"，这一点显示了家庭教育的一致性，很可贵。

班主任的回应缓解了文文妈妈的焦虑，从品德层面的评判落回到就事论事的地面。遇见一位好老师是孩子的幸事。

"撒谎"本身也是一种智力的体现,就如文文妈妈所说:思维缜密。鼓励孩子用智力为自己建立多选择的思维:除了瞒过爸爸妈妈,我还能做什么?哪个方案对大家都有利?毕竟撒谎这件事万一露馅有不被信任的风险。借着这件事和他做一些交流,坏事倒成好事了。

文文不想让爸爸妈妈看到"不够好"的成绩是因为自己难为情还是因为担心家长不开心?或者是担心爸爸妈妈知道被扣分的原因后批评他上课讲话?我们大人思维有时会固化,单凭猜测得不到真相,还是"求助"孩子为妙。搞清楚真相,对应的措施也就容易达成了。

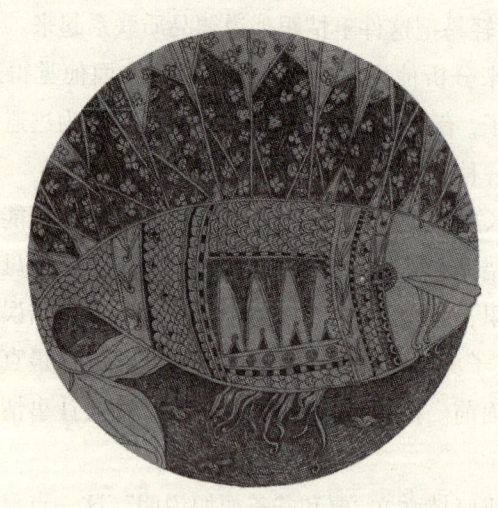

9. 物权观念

有的孩子会表现得很自私,有的孩子会显得很大方,过度了,都会引发父母焦虑。我们既想孩子不要因为太过"自私"而影响到人际交往,也不想过于"大方"而显得廉价。最理想的是得当有分寸。这个就取决于一个人的物权观念建立得是否完善。

琳妈的困惑:琳琳为什么要拿别人的东西?她要什么可以和我说,我会给她买。我真的很介意这个,每次看到有不熟悉的东西就很紧张,她也很紧张,很防备我看她的铅笔盒,难道有什么见不得人的东西?

不知妈妈们还记不记得孩子小时候刚学会说话,分不清"你"和"我",经常混淆着说,非常之可爱。对于一个小小孩,"你"和"我"只是代号,说错了很自然,慢慢地,她知道了自己是"我"对方是"你"。

分清了"你""我"之后的孩子很自豪,开始尝试着去区分"你的""我的",而这个"你的""我的"就是物权观念的启蒙。启蒙之初最重要的是"我的",先有"这是我的"带来的安全感,再有"这是

你的"带来的全局感。于是这段时间就显得非常"自私",这是我的,我不让别人碰,甚至借给别人玩一下也不乐意,似乎一离开自己的视野就会消失。记得演员吴秀波谈起过"分享"这个事情,他说他发现这个词很流行,尤其在妈妈教育孩子的时候,总会用到这个词,愿意分享是大方的孩子,不愿意分享的,家长就会很纠结。

自然,两三岁的孩子迫于家长的压力只能"分享",这样的事例许许多多。貌似一切安好,我的孩子终于学会了分享。得不偿失的是他的物权观念没能自然建立,或者被破坏了。

这个"我的"和"你的"概念认知和建立是一个顺其自然的过程,是对孩子自然发展的一个尊重,撇开父母自身的预设和期待。孩子有了"这是我的"的安全感和满足感之后,他会想要一点"你的",他会思考会想办法交换,当他对喜欢的小朋友表达自己的喜欢时,他会自然分享自己的东西。在交换、交好的过程中,他也收获了别人向他作出的分享和交换,孩子在反复经历中成长。这个过程中,父母的力道不需要太大,也不用太依着自己的标准去衡量,如"这个交换是否划算""这么贵重的东西不可以送人"等,也不需要在孩子不乐意分享时"威胁"他:你不分享,以后就没人理你了!

如果父母做不到袖手旁观,那么,在家里,将分享这件事做给孩子看,比如分水果分零食时顾着在场的所有人,很开心地分给大家吃,那种愉悦感会传递给孩子:这样做很开心我也喜欢这样的开心,分享是一件开心的事情。当孩子有意识分享时,给予鼓励,表达感谢。孩子越小就越要多表达对他的感谢,随着年龄的长大,逐步给他一些身份的认定,比如你真是一个大方的孩子,你真是一个会照顾人的孩子。而孩子更小的时候并不合适这么说,告诉他你的感受就可以。

物权观念分两个部分,第一部分是先建立"我"和"我的",第二部分是怎么和"你"以及"你的"去交流交往。如果这个功课都做了,后续的烦恼会少一些。

其实以上这些,确实可以无为而治,只要孩子所处的环境足够放松,有足够多的同伴彼此相处,这些孩子都依着本性而生活,而非制约于大人,那么就没问题。但这仅是一种理想状态。所以,父母需要知道一点常识,为了教而不教。

琳琳拿回别人的东西,妈妈需要了解的是这个东西是怎么到琳琳手里的。想要了解到真相,需要先放下预设和恐惧。如果认为这是一件非常严重的事,那么,对孩子的言行自然是高标准严要求,孩子未必受得了;受不了,自然会想办法自我保护,那么她也会预设妈妈的想法,那么她说的来源就不一定是真相。在一件非真实的事情上做再大的文章都是枉然。

那么,如果这个过程是 OK 的,心平气和中了解到事实,如果是人家送的,那么帮她建立一个匹配的原则:多大的东西可以接受,多大的东西就不可以接受。如果是地上捡的,也和她商讨一个原则:放到某个公共地方或者让它留在原处。如果是她看上别人的东西,喜欢,拿来的,这是对父母的一个提醒:我的孩子物权观念比较混乱,喜欢的就可以拿吗?我该如何帮他分清这一点?父母跟进要做的是给他补课,补课方式不是严厉批评甚至打一顿或者给她植入一个恐吓:将来你会成为小偷!补课的方式是告诉他有物权这么一回事,或许在你小时候我们没有帮你建立好,现在让我们一起共同努力,你肯定能的,因为你比小时候更聪明更懂事了。请相信孩子的潜力和向善的驱动力。父母若有本事遇事不慌,孩子会更有本事纠正自己行为不再重复。

严厉批评可能有两类结果:一个是真的不再重复发生了,那么,他是基于恐惧挨罚之下的压抑,他并不愉快也没觉得自己能干(不是他控制住自己的行为，是父母控制住，那他也没什么成就感了），或许将来他长大了有能力了，会用其他方式来狠狠发泄一番这个被压抑的情绪；还有一个可能的结果是他还会重复这类事情，因为曾经的经历让她太难过了，他不想接受那样难受的感觉，怎么样才能扔掉这种感觉呢？就是重复做一次，让妈妈有机会用新的方式对待他，可以替代掉那个旧的感觉。这是心理学里的一个典型的困境现象。只有当他有全新的感觉了，才能真正走出来。

父母的伟大和重要性就在于此，我们真的可以做点什么给孩子以很大的帮助。这个做点什么包含着"不做"的智慧。

10. 控制与反控制——认识孩子们的那些"不乖"行为

> 借用道家秉承的"道、法、器、术"四层次，亲子关系处理也是如此，道和法若有了，器和术容易得，得了也容易用得上手。尊重孩子、觉察自己是道层面，家庭规则、约定俗成是法层面，互动游戏方式是术层面，引诱、交换条件和惩罚是器层面。若是不懂孩子的心思，器术再强也施展不开，或者用一两次就不管用了。

女儿祺祺（三岁）最近开始自我意识非常强，开始顶嘴，发脾气。比如今天早上，她一看到稀饭里银耳是大块的就不肯吃（之前我做会弄成小块，这次爸爸做，块头大），口气很不好地说"银耳太多，难吃"之类，我挑过也不吃，整碗都不吃。我眼看着要出门了，她还在那里发脾气。爸爸火了，说不听话就揍，女儿开始哭，其实爸爸压根没打她。我开导安抚了好一会儿，着急出门，就说"你好好吃，下班回来妈妈给你一块巧克力"。她才开始吃。

最近很多次都用她爱吃的东西来摆平当时的哭闹场景。我自己觉得这样的方式不好。也知道她成长中有自己的意识和选择是

孩子可以这样教

很正常的，我也理解接纳。可有时还是觉得不好应对。尤其我老公，一看到孩子哭闹就烦躁，我一人要稳住两个人。最近太频繁了。从早上一睁开眼睛一直到睡觉，会发生很多事。

在幼儿园里不喝汤，和老师说是妈妈不让她喝的，开始撒谎。她爸爸意思就是饿她一顿，让她记住教训，不能这么挑食，不过从来没如此执行过。

最近吃饭挑得太厉害，而且完全是那种公主口吻和我们说。口气和以前完全不同，还皱着眉头。很不屑的样子，直接说"我不要吃什么什么，我要出去吃"之类。这种状况我们基本还是坚持立场，告诉她我们做什么饭菜你就吃什么，不能挑食之类，再加其他引导，当然有时候也会迁就她。

除了吃饭，晚上洗漱时也要挑人，睡觉谁来陪也要挑和自己安排，甚至早上梳发型也有自己的主意。

认为有一点可能的因素是现在的独生子女我们作为父母等长辈太过于关注他们，所以他们的自我意识很强。同样是3岁左右的叛逆期，我们小的时候就不会如此凸显。除了和大环境有关，和父母的养育方式也有关系吧。有时候有些事需要冷处理或者"狠心"拒绝，告知拒绝的原因即可。否则就是难有底线，到以后就是不好收拾或难以弥补。我现在是抓大放小。时间精力允许的前提下，温和地沟通引导；如果我早上急着要出门，没时间再继续引导沟通，可能就利诱或者直接冷处理。我们不可能做到面面俱到。回顾过去的一年，有些时候我们也有些溺爱孩子吧。

其他吐槽：

可乐：我们都是随她意思，然后再综合一下我们的意思，让她考虑选择，她会选择中间的。但是如果一定要让她随我们意思，那就是开始激烈战斗。

LN：早上 4 周岁的儿子起床闹了半小时，先是要已经起床的我陪他继续睡，然后起床说自己不会穿衣服，再然后就是这条裤子不喜欢，开始各种起床气，半小时后我终于坚持不住发火了！对于自我意识汹涌澎湃的儿子我该怎么办。不开心或不喜欢可以用语言表达或沟通。我该怎样面对孩子，让他可以度过这个阶段。

ET：我女儿三周岁半跟他几乎一个样，需各种利诱，譬如让她穿喜欢的裙子。

DO 妈妈：我们表现在吃饭方面，遇到不喜欢的就算我说破嘴都不会吃一口，宁愿饿着肚子，她吃饭也比较挑，喜欢荤的不喜欢素的，在爷爷奶奶家时老人比较宠，吃饭从来都不坐在桌边。现在在自己家每次吃饭时像开战一样，我说我的她玩她的。

懂孩子并不容易，这也是"妈妈下午茶"试图普及一点点儿童心理常识的原始动力。看着妈妈们被一个个小孩子折腾得团团转，或者怒火中烧或者败下阵来或者威逼或者利诱，总之，结果都还会有一个大大的问号——为什么？也许内心还有一个问号——凭什么？

也许首先要恭喜各位妈妈，这些令人烦恼的言行都是成长的信号，我们的孩子天天在长大。我自己也是一位妈妈，每当我感觉到某阵子和孩子交流磕磕绊绊的，我都会在愣神之余提醒自己：嘿，她又长大了一点，请以适合"现在的她"的方式和她交流吧。

有妈妈提到"自我"这个词，确实，在这个自我还没有发展出来之前，孩子是可控的，当慢慢有了自我概念，这个自我并不喜欢"被控制"，这个自我会反控制，甚至尝试着控制他人和环境。这也正是控制与反控制的原动力，使得孩子学习到技能、规则并锻炼了能力。2-3 岁的孩子正努力变得独立或自主，4-5 岁的孩子已经形成了自主感。当他们学习了新的技能，达成自己的目标，他们会为自己的成就感到骄傲。这个阶段基于日常活动的自我概念反映出孩子的主动性,当他们将在学校必须学习一些新课程时非常需要这种主动性。

比较挑战父母的是,如何在这个控制和反控制的角力中帮助孩子社会化,让孩子了解规则、理解规则、遵守规则,从而获得合作的关系。合作,意味着不是一方听另一方的,而是为了一个共同的目的一起努力。吃饭、穿衣、玩耍这些日常事情的背后都隐藏着"合作的关系"。

对于小孩子,从感受出发更容易达成共同的目标,如果女儿说银耳大块的不好吃,那就认同她的感受,哪怕自己觉得差不多,孩子的感受会更加的敏锐,也许视觉上大块的银耳已经破坏她的食欲了呢。有了理解作为基础,后续就会显得容易,比如和她一起把大块弄成小块再吃,允许她挑出大块的或少吃一些,坚持早餐必须吃(不打不骂,温和地坚持),但许诺下次会做成小块的。记得孩子想要的是一种"控制感",显示她自我存在的感觉。往这个方向满足她而非试图控制她,否则她开始反控制,不吃饭或者哭是最容易发生的。除此之外,她还能做什么呢?

其实,姜还是老的辣,爸爸妈妈并非被孩子气到,而是被自己气到:我居然搞不定一个小屁孩?!其实,我们并不需要"搞定"孩子,我们需要的是协助他们形成完整的自我概念,发展他们的技能。

当然,和孩子交流有一些技巧和方法,借用道家秉承的"道、法、器、术"四层次,亲子关系处理也是如此,道和法若有了,器和术容易得,得了也容易用得上手。尊重孩子、觉察自己是道层面,家庭规则、约定俗成是法层面,互动游戏方式是术层面,引诱、交换条件和惩罚是器层面。若是不懂孩子的心思,器术再强也施展不开,或者用一两次就不管用了。

11. 利己还是利他

第四章 在经历和体验中成长

> 物质生活日益丰裕，只是单纯让孩子觉得"给别人一点，我们还有很多"是不够的。孩子的成长需要体验到给予的快乐，需要渐渐在自我概念中具备乐于助人、富有同理心的品质。孩子喜欢和尊敬的成年人所给予的言语正面强化能促进孩子的亲社会行为。有研究表明：经常使用说理、非惩罚性教育方法的父母，自身也经常表现出对他人的同情和关心，通常能培养出富有同情心和乐于助人的孩子。

假期带小艾（9岁）去海边玩，烤了根香肠和年糕给她，当时小艾吃着香肠，我帮她拿着年糕，我们边吃边去旁边的游乐场玩。途中碰到一朋友带着她女儿，我顺手把那根年糕递给了她女儿，当时我注意到小艾有些不愿意的表情，就许诺她过会儿再给她买一根，我也确实这么做了。过了几天，小艾又和我提起这件事，说我未经她同意把年糕给别人这件事做得不好，并要求我"以后不可以这么做"。并唠叨那个人拿了年糕也不给钱，哪怕是妈妈后来再买的，也没有之前的好吃！因为那是"爸爸专门为我烤的"！艾妈觉得很

郁闷,是不是女儿太自私了?!

在妈妈的概念里,这个年糕事件已经告一段落,在孩子的概念里,它还是一个未完成事件。

就事论事地去分解这件事情发生的过程,加上一些小细节,会给当事人产生不一样的感觉。妈妈将年糕给其他小朋友之前先和女儿示意下,这个示意不是申请,是预告,预告是尊重。如果感觉到孩子不乐意,可以小声向她许诺:待会儿给你再买。孩子并没有用言行来表达不乐意,这是妈妈可以"利用"的亮点:妈妈知道你不太乐意,但你没有说什么让妈妈为难,谢谢你的体谅。这个过程有了,会降低她一直放在心里的概率。

作为事情本身可以告一段落,若是延伸到教育范畴,妈妈对女儿"自私"的感受需要进一步关注。

自私更多考虑利己,而大部分父母期待孩子形成道德观念时能具备三个方面内容:不伤害别人;亲社会倾向即具备利他意识;遵守道德守则的个人责任感。每一个孩子都会经历自我中心、自私,通过社会化经历和教育建立起利他意识,做出利他行为。这个教育过程中,父母给孩子提供的很多规则和价值观都得到了内化。心理学家、社会学习理论提出者阿尔伯特·班杜拉认为,对儿童的亲社会倾向产生最普遍而深刻的影响是他人的行为,即孩子们接触的社会榜样。父母是孩子很重要的社会榜样。小艾妈妈看到朋友的孩子,很自然地将手中的零食递过去,这个行为本身就是一个示范。

那如何理解小艾的感受呢?她的年龄处在社会性发展的哪个阶段呢?

认知理论家将孩子的亲社会性发展分成四个阶段:

第一阶段从两岁开始，幼儿已经能表现出"移情"现象。移情指的是感同身受他人的情绪并被他人情绪所激发而产生类似的情绪，比如幼儿看到他人表现很痛苦，他也会感觉到不安不舒服。

第二阶段是3-6岁，这个阶段的孩子仍然是以自我为中心，他会倾向于做能给自己也带来快乐的利他行为。

第三阶段是6-12岁，这个阶段的孩子自我中心倾向越来越弱，也具备了一定的角色承担技能，开始关注他人的合理需要，移情能力、同理心得到更进一步发展。

第四阶段是12岁以后，这个阶段的孩子已经能够理解抽象的亲社会规范，并将它内化成个人责任感，若不能做到，会产生自责和内疚感。

小艾的年龄正是发展社会能力培养同理心的第三阶段，她的感受和疑惑若是能得到妈妈的理解和引导，对她的成长是一个强有力的助推。

除了事先示意之外，再进一步和她交流"妈妈为什么要给这个小朋友呢"，让她去体会"妈妈并不是见到任何人都会给东西"。将孩子带入一个新的思维框架，这个思维框架里，不仅仅只有小艾和妈妈，还有其他人。

确实，妈妈拿着属于孩子的东西送人是需要事先征求孩子的意见，这是另一个主题：界限感。甚至如果孩子不同意，妈妈也不能强行送人。不过考虑到小艾的年龄，她已经具备了理解能力，并且她并没有表示不同意，那么，我们可以认为，小艾对于妈妈的行为并非完全不认同，但是，她希望她的感受得到照顾。比如她特别强调：那是爸爸专门为我烤的！每一样东西，除了物质层面的存在，确实还有一个意义的存在，尝试和她说明东西能给出去，专属你的爸爸的爱是不会给出去的，慢慢地让她建立起物质+感情的概念。

孩子是感受型动物,令她难过的往往不是失去东西,而是失去她赋予东西的意义。不舍得一样东西,也是不舍得这样东西背后的感情、故事……这一点她不会很清楚,需要我们找机会打破她原来的思维方式,让她意识到这一点。

物质生活日益丰裕,只是单纯让孩子觉得"给别人一点,我们还有很多"是不够的。孩子的成长需要体验到给予的快乐,需要渐渐在自我概念中具备乐于助人、富有同理心的品质。孩子喜欢和尊敬的成年人所给予的言语正面强化能促进孩子的亲社会行为。有研究表明:经常使用说理、非惩罚性教育方法的父母,自身也经常表现出对他人的同情和关心,通常能培养出富有同情心和乐于助人的孩子。

12. 想要平等的感觉——青少年同一性

> 一个孩子，如果在家有牢固的爱的基础，同时拥有比较多的行使自己权利的自由，在亲子互动中能体验到亲密感和相互尊重，感到自己可以自由表达与父母不同的意见，他会获得比较强的自尊感，这种爱与民主的教养方式会帮助孩子更好地度过青少年的同一性进程。

儿子明明六年级，爱顶嘴，我说一句他回十句。有时会被他的话噎着，比如我问他"你作业做好了没有啊，要不要我检查一下？"他会回答："这题目你懂吗？"

和同学在一起时喜欢谈论游戏。看到别人有智能手机，也很想要智能手机，不同意，他会不高兴；同意，我会不放心。

两个人之间的交流，除了内容互动之外还有情感互动。懂不懂是关于内容，按照事实回应就可以："六年级的东西我还是看得懂的，何况有答案我可以参考"；或者"对于妈妈来说，确实有些难度，不一定都懂"。

除此之外，还有更加重要的情感互动，也就是如何回应孩子的态度。妈妈若是对孩子表达的态度有意见，不妨直接对此做一些表达：我觉得你似乎有些不屑我的想法，是因为不喜欢我检查呢还是觉得我没能力检查？

有内容表达在前，情绪表达就不会有太浓的火药味，提供了选项的问话对孩子有引导方向的作用，他会因此进入妈妈的谈话框架，重新评估自己的回答"这题目你懂吗"。

男孩子有时讲话太直接，也不注意讲话对象，妈妈需要让孩子知道：我不喜欢你这样跟我说话，也借着表达和交流澄清下孩子的真实想法。

在此基础上说明自己的职责所在以及对他学业的关心：妈妈配合老师的工作，我理解的家长签名是需要先确认你是否按要求完成了；你更希望妈妈用什么方式来关心你的学习呢？——这部分是关于情感的互动，重要性不会低于内容上的回应。

青春期孩子是离开父母怀抱和约束的节奏，外面的世界太精彩，他不会太主动来感受我们父母。但孩子并非没有感受力，他一样会在乎和妈妈之间的情感互动。也正是这样的互动，会让他有平等的感觉。亲子之间不再是施与受，而是交流、互动，彼此听见对方的声音。

分清事情和心情，不要在内心里说话，大胆地把自己的感受和想法表达出来，相信孩子的理解力和接受力。这样做，创造的是一种平等的氛围，对事情的进展有帮助。很多孩子会否认自己的反问带有"不屑"和"不尊重"，但也会通过这样的交流改变他的表达方式，他会理解"原来我这样说，对方会不舒服"。随着孩子年龄所长，互动方式会有一些变化，尊重孩子也尊重自己，在此基础上可以多一些尝试，放下"怕说错话，怕把孩子养得不好"的心，照顾孩子，也照顾自己。

孩子的长大，表现之一是想要离开父母的怀抱；表现之二是寻找同类（自我）。前者会让父母感觉孩子像刺猬，相处不容易，容易受伤；后者给父母带来的挑战也不少，当孩子处于"我到底是谁""我想成为什么样的人"阶段的时候，他的表现会和父母的理想不一致。也许父母更多考虑的是表面上的功效和后果，比如智能手机可以打游戏，万一上瘾了怎么办？而孩子的内心里有一种"求认同找同类"的需求，他会通过一些言行和标志来得到存在感和表示"我长大了"。

心理学家埃里克森用"同一性危机"来形容青少年感受到的混乱感焦虑感。同一性的含义是，关于自己是谁，要朝哪个方向发展，哪个位置才适合自己等心理上的自我认知。同一性课题会延续很长一段时间，不同的人会有不同的发展状态。埃里克森认为同一性危机一般在青春期前期（青少年早期）出现，到15-18岁期间得以解决。但实际上，有研究数据表明，大多数人在21岁以后才获得稳定的同一性。

父母了解这个概念，结合自己走过的青少年阶段，会容易理解当下孩子的表现并更容易找到合适的措辞与他交流，帮助他完成这个"我要成为什么样的人"这个课题。

游戏是同学之间谈论的一个重要话题，通过它表示自己的能力，或者通过它建立社交关系，父母作为听众比较忌讳的是评论他同学的不好。对孩子来说，伙伴很重要，妈妈否定他的朋友会让他自己有被否定的感觉。

如果可以，和他讨论游戏是如何给他带来快乐的感觉，同学们都在玩什么游戏？怎么选择最好玩的游戏？如果着迷停不下来会怎么样？——如果家长对孩子的世界带点好奇，会更加真实地看待孩子，"怕孩子被游戏吞噬"的恐惧会缓解许多。

孩子的真实世界很简单，也许还有些枯燥——考试、作业、老师的叮嘱妈妈的唠叨，甚至带着压力和许多规则约束，因为对很多孩子

来说,学习的乐趣并没有被充分挖掘,学习的好处也没有很好的体会。

而游戏世界很有趣,很热闹,不断有奖励升级,还有很多玩伴。对比之下,自然是有诱惑力的。如果亲子之间的交流能让孩子感觉到父母的理解,他也容易产生对父母的理解:爸爸妈妈担心我约束我是出于什么样的考虑?

和大孩子的交流更加适合用讨论的方式,抛出一些疑惑,一起探讨。

孩子想要智能手机,妈妈的真实想法是不想给,又不想太直接拒绝让孩子不开心。可以用一种迂回的方式回应:我现在特别想说的就是拒绝你,但我知道这样说你会不高兴,所以容我再考虑考虑。这样的回应依然是真实的,父母也没有标准答案准备着随时给出去,"容我想想"很正常,允许自己不完美,允许自己不是全能的。

特别需要说明的是,当孩子以"别人都有我也要"的理由向我们提要求的时候,我们是否能沉得住气地回应:妈妈关心的是你的想法,你的想法是什么?你想要什么?你要它打算做什么?罗列的这些问话并不是连珠炮地问,是一个可参考的交流框架,这个框架围绕的是孩子和孩子的需求这个中心。

我们每一个人都处在某个环境中,自然会不断地受到环境里各种信息的刺激和影响,但核心应该是我们自己的初衷和主见,其他信息只是一个参考。这个原则会约束到我们,也会保护到我们,其中的益处,孩子多一些经历才会懂。

一个孩子,如果在家有牢固的爱的基础,同时拥有比较多的行使自己权利的自由,在亲子互动中能体验到亲密感和相互尊重,感到自己可以自由表达与父母不同的意见,他会获得比较强的自尊感,这种爱与民主的教养方式会帮助孩子更好地度过青少年的同一性进程。

后记

大学同学新建了微信群，艾特我问：忙什么呢？

我说：有工作时工作；不工作时带孩子；不带孩子时喝茶见朋友；不见朋友时看书做家务。

同学惊呼：你过着神仙一样的日子！

我补充：还有五颜六色的烦恼。在我这个瓶子里，我喜欢的工作、孩子、约会、读书、家务是先入瓶的大宝石。至于烦恼，是游离其中的小沙粒，后入，若倒必先出，不容易入眼，但若是仔细找，也是不少的。

我不知道如何定义"妈妈下午茶"这件事，算工作又似约会，耗我若干心力又让我乐享其中，就如这个名字本身一样，混搭。

三年多来，一百多场的"妈妈下午茶"活动带来了许许多多的亲子故事。这本小小的书选了35个故事集结成册，试图让关注到的读者透过故事看见自己、看见孩子、看见彼此之间的互动关系，在懂孩子、陪伴孩子、教导孩子的协同成长道路上有一点点参考和启发。

许多人好奇我是如何"坚持"下来的，我没有太用力就"坚持"下来了！一方面可以归因为每一个人内心都有"被需要"的需要，另一方面并且更为重要的是，它对很多人（家庭）有价值和意义。我很有幸听到那么多的亲子故事，也很自豪能带着大家一起解析和读懂这些

故事，我很期待"妈妈下午茶"的孩子们因此成长得更加快乐和优秀。

因为此书开始对"妈妈下午茶"产生兴趣的亲们，欢迎关注i-mentor微信公众平台，并参与其中。我相信在不久的将来，您会在书架上看到"妈妈下午茶"带来的更多亲子心理故事。

在此非常感谢支持"妈妈下午茶"活动的yayamama、温莎公主、楠月、旻妈，让"妈妈下午茶"的茶香飘满整个城市的东南西北中各个方位；感谢张鸿畏老师和郭凯文、褚科彤同学的插画作品；特别感谢我大学室友荣仔同学，她在毕业前叮嘱我：将来出书，一定要署真名！十八年后，遥遥地回应一声：好的！